米国はいかにして世界経済を支配したか

萩原伸次郎
Hagiwara Shinjiro

青灯社

米国はいかにして世界経済を支配したか

装幀　木村　凛

目次

はじめに

今日、グローバリゼーションあるいは、グローバリズムという言葉がよく聞かれるようになりました。経済的に捉えた場合、ヒト・モノ・カネが国境を超えて自由に行き来するのが頻繁になることを、私たちはグローバリゼーションあるいはグローバリズムと呼んでいるようです。第二次世界大戦後、世界は、ソ連を筆頭として社会主義を自称するグループと米国を中心とした資本主義のグループに分かれ、いわゆる東西冷戦となり、ヒト・モノ・カネが国境を超えて自由に行き来することが阻害される時代がありました。一九八九年、ベルリンの壁が崩壊し、一九九一年にソ連邦が消滅するに至って、東西冷戦が終焉し、東側諸国が西側諸国の資本主義システムに組み込まれ、かくしてグローバリゼーションやグローバリズムという言葉がよく聞かれるようになったのは、当然といえば当然のことでしょう。

ところで歴史を大きく眺めますと、商品経済が発展してからこの方、市場経済と国家の関係は、深くなったり浅くなったり様々な度合いで、各種の経済システムをかたちづくってきました。市場経済は、古くは、村落共同体間の商品取引関係として出発したといわれます。その後、局地的市場圏や地域的市場圏から国民経済に発展していく道筋は、経済史におけるおなじみのテーマですが、マルクスがかつて『資本論』で論じたように、封建制の内部から出現した資本主義システムは、そこから自動的に出来上がったものではなく、国家の権力的行使によって、「頭から爪先まで、あらゆる毛穴から、血と汚物とをしたたらせながらこの世に生まれてくる」（カール・マルクス著、資本論翻訳委員会訳『資本論』第一巻、第四分冊、新日本出版社、一九八三年、一三〇一ページ）ことはよく知られています。

私たちは、この資本の『創世記』の時代を、資本の本源的蓄積期あるいは重商主義時代と呼びます。この時代は、初期ブルジョアジーが国家権力を掌握し、資本主義システムを発展させるべく、様々な国家干渉を経済社会に行ったからでした。保護貿易主義を採り、貿易差額を一国の富の源泉として、商業を重視したことから、一般には重商主義といわれるわけです。その後、資本主義システムは、産業革命を経て、自分の足で立ち、一九世紀にイギリスを中心として自由主義市場経済を形成したことはよく知られています。市場社会の形成と崩壊を『大転換』として骨太に描ききった経済人類学者カール・ポランニーによれば、この一九世紀は、「西ヨーロッパ文明の年代記に前代未聞の現象、すなわち平和の一〇〇年（一八一五年―一九一四年）を生み出した」ことになるのですが、その後二〇世紀に入り、このシステムは、トランスフォーメーションを経験し、二度の世界大戦の中から、世界は、「集産主義（collectivism）」（生産手段を国有ないし公有とし、共同管理とすることを経済原理とする主張のこと）の傾向に大転換していくことになります。

ここで、カール・ポランニーの言うことに少し耳を傾けてみましょう。彼は、市場経済を次のように定義しました。「市場経済とは、諸々の市場からなるひとつの自己調整的システムのことをいう。やや専門的な言い方をすれば、市場価格によって統制される経済、そして市場価格以外にはなにものによっても統制されない経済のことである」（カール・ポランニー著、吉沢英成・野口建彦・長尾史郎・杉村芳美訳『大転換』東洋経済新報社、一九七五年、五七ページ）。

彼は、市場経済を自己調整的システムと把握したのですが、このようなシステムの基礎には「異常な諸前提」があるとします。この「異常な諸前提」とは、ポランニーによれば、本来商品ではない、本源的生産要素である労働、土地、貨幣が、市場に組み込まれ、市場経済の興隆がはじまるところにあるというのです。こうして、彼は、「市場システムが最高潮に達したころ、つまり一九一四年ごろには、地球上のあらゆる地域、地球上の全住民および将来生まれてくる世代、自然人のみならず法人と呼ばれる巨大な擬制体も、そのシステムに包み込まれたのであった」（同上訳書、一七八ページ）と指摘しました。

けれども、カール・ポランニー学説の真骨頂は、彼が『大転換』を書いた一九四〇年代において、市場システムが崩壊し、世界が「集産主義」の傾向に転換したことをいち早く示したことにあったといってよいでしょう。彼は次のように言うのです。「ロシアは、独裁的形態のもとで社会主義へと転じた。自由主義的資本主義は、ドイツ、日本、イタリアのような戦争準備をしていた国々や、米国、イギリスといった国々――前者ほどではないが――においても姿を消した。しかし、ファッシズム、社会主義、ニューディールという勃興しつつあった体制は、自由放任の原理を放棄している点に限っては相似していたのである」（同上訳書、三二六ページ）。

ここで興味深いのは、一九三〇年代から四〇年代にかけての危機の時代を経て、世界の様々な国は、様々な政治経済的形態をとってそれに対応したと思われるのですが、一九世紀に全盛を極めた自由放任の原理から言うとこれらいずれのシステムも、一様にその自由放任を否定しているという似た面があることなのです。しかも、ポランニーは、「市場経済の消滅は、先例をみないほどの自由の時代の幕開けになりうる。法律上の自由と現実の自由はかつてないほど拡大され、普遍的なものになりうる」（同上訳書、三四二—三ページ）と申しました。こうしたことからわかるように、ポランニーは、「集産主義」的社会の将来をかなり楽観的に見ていたのです。

『大転換』は、次の言葉で終わっています。「あらゆる人々に対して、より豊かな自由をつくり出す任務に誠実であるかぎり、権力あるいは計画化が、それらの築きつつある自由を意図に反して破壊するであろうなどと恐れる必要はない。これが、複合社会における自由の意味である。そしてそれは、われわれの必要とするあらゆる確信を与えてくれるのである」（同上訳書、三四八ページ）。

しかしながら、残念なことにこうしたポランニーの楽観的見方は、歴史の現実が裏切ることになります。第二次世界大戦後展開されたロシアにおける「権力あるいは計画化」は、より豊かな自由を創り出すことに「誠実」ではなく、一九九一年のソ連消滅をもって終焉しました。ニューディール体制の戦後版である米国における「ケインズ連合」も、一九七〇年代以降の企業のグローバル化の進展とともに崩壊してしまいました（この崩壊過程について詳細は、拙著『アメリカ経済政策史』有斐閣、一九九六年を参照のこと）。また、戦後日本に形成された「日本型ケインズ主義」あるいは「日本型集権システム」は、米国からの新自由主義的要求の下に危機に瀕し、いわゆる「小泉構造改革」によって葬り去られました（この過程についての詳細は、拙著『ワシントン発の経済「改革」』新日本出版社、二〇〇六年を参照のこと）。

こうして、かつてカール・ポランニーが「異常な諸前提」から成り立つとした「市場システム」が彼の予想に反して、世界を再び覆い始めたといってよいでしょう。戦後の集産主義的システムを崩壊させて、世界の前面に覆い始めた、国境を超える「市場システム」、これが今日のグローバリゼーションでありグローバリズムであることは明白でしょう。この「市場システム」は、かつてカール・ポランニーが研究の対象とした一九世紀の「自由主義的教義」によって形成されたものと同じものなのでしょうか。本書の最大の目的は、この二〇世紀末から二一世紀にかけて、世界の政治経済における主流に躍り上がったこの「市場システム」とは何であるのかを明らかにすることにあります。

ところで、戦後集産主義的システムがいち早く崩壊したのは、米国であったといえましょう。戦後「ケインズ連合」を基軸に形成された米国型「集産主義」は、一九七〇年代以降のケインズ主義の崩壊とともに捨て去られたということがいえましょう。今日の「市場システム」形成の歴史的起源がその辺にあり、ロシアにおける「集産主義」の崩壊も日本における「集産主義」の崩壊も米国型「集産主義」の崩壊に引き続いて起こったとするなら、わたしたちはやはり、その震源であった米国に焦点を当てなければなりません。本書において、米国の社会経済体制やその対外政策に焦点を当てるのは決して偶然ではありません。

ポランニーは、経済的自由主義は、競争的労働市場、自動的金本位制、国際自由貿易の三つの教義によって形作られたと述べました。戦後の世界経済は、米国を基軸としてまず、どのように形作られたのでしょうか。

第Ⅰ章では、戦後の国際経済システムを米国はどのように構築したのかを論じます。第二次世界大戦後の国際経済システムは、金本位制を採用しませんでした。金本位制とは、国民通貨と金との民間レベルでの自由交換によって、通貨制度の根幹に貴金属の金を置く制度でした。このことによって、国民通貨、例えば、ドルと円は、金を通じて一定の交換比率が保たれることになります。しかしながら、各国は金を国際取引の準備金として常に保有していなければなりませんから、金準備が減少しだすと、国内の経済状況がたとえ不況であっても、利子率を上げたりする政策によって、金の流入を図らなければなりませんでした。つまり、対外関係によって各国が自立的な財政・金融政策が採れなかったのです。

ジョーン・メイナード・ケインズは、こうした制度は愚かしいとし、貴金属によって国民経済の経済政策が制約されることがないシステムの構築を目指したのでした。戦後の世界経済が「中央統制によって、できる限り完全雇用に近い状態に対応する総産出量の実現に成功」（J・M・

ケインズ著、塩野谷祐一訳『雇用・利子および貨幣の一般理論』（普及版）東洋経済新報社、一九九五年、三八一ページ）したかは別として、戦後のＩＭＦ・ＧＡＴＴ体制がこうしたケインズ的考えの下に構築されたことはいまや常識でしょう。そして、こうした考察の背景にケインズ的経済政策を実行するにあたって、その利害を共にする産業的基盤が存在したことも事実でした。この産業こそ、製品に占める輸出比率が高くかつ資本装備率（資本量の労働量に対する比率のことで、資本量を労働量で除した百分率で表示される）も高い、一九二〇年に米国に勃興した新興産業だったのです。これら産業は、国内需要の拡大による販売高の増大とともに、外需増大による輸出拡大が企業活動の生命線となるのでした。

ところで、現代の国際経済システムを支える産業は、もちろんこうした産業ではありません。第Ⅱ章では、現代のグローバリズムがどのように形成されたのかを論じますが、より根源的に、その産業的基盤を検討し、国際資本移動の自由を必然的に要求していく多国籍企業の活動に焦点を合わせます。かつて、スティーンブン・ハイマーは、経営史学者チャンドラーの業績に依拠しつつ、企業を次の三つの段階において把握しました。

第一が、マーシャル型企業形態です。工場レベルで組織され、単一の機能、単一の産業に限定され、ひとりあるいは数人によってすべてが監視され、またすべてが決定される企業形態です。一般に企業における経営管理は、工場レベルで日々の事業活動に携わる経営管理を第一レベルとすると、第二レベルの経営管理は、その最低レベルの経営の調整役として存在します。そして、第三が目的設定と計画に携わるトップレベルの経営管理です。マーシャル型企業形態では、これら三つのレベルの経営管理が未分化で、一体となっておこなわれるところに特徴があります。

さて、企業の内部組織の進化の第二段階は、U型企業（unitary structure）です。この企業は垂直的に統合され、大量生産体制を実現するのに相応しい大株式会社です。この企業形態は、第一のレベルと第二のレベルの経営管理が未分化で、機能ごとの経営管理が、第三のトップレベルの経営管理と直結します。

こうして、企業形態の第三段階として、事業部門制をとり、目的設定と計画に携わるトップレベルの経営管理に集約される企業形態が、第一、第二のレベルの経営管理の分化を伴いながら編成されるM型企業（multidivisional structure）が出現することになります（S・ハイマー著、宮崎義一訳『多国籍企業論』岩波書店、二三四―四〇ページ）。

今日の国際経済システムの基盤にある企業が、このM型企業であり、多国籍企業として存在していることは明らかでしょう。すなわち、今日の企業は、国際事業部門をいくつも抱える多角的事業部門制をとり、国際的コングロマリットとしてグローバルに活動を展開しています。こうした企業活動が、戦後のケインズ的経済システムにとって脅威となったのは言うまでもありません。なぜなら、こうした企業は、いずれも本部財務部門を肥大化させて、企業の売却・買収を、国境を超えて展開し、国際的に多角的事業を展開し、国民経済を軸とする経済政策の実施と矛盾する点が出てくるからにほかなりません。また、多国籍企業側からすれば、国民経済単位に形成された経済政策は、「一国社会主義」であれ「ケインズ的中央統制」であれ、国際的コングロマリットに不都合な制度であったといえましょう。

かれらは、国際資本取引の自由という自らの要求にしたがって、一九六〇年代末以降着々と世界経済のつくりかえに、いい換えれば、グローバリゼーションの展開に取り組んだのでした。かくして、ニクソン政権の誕生は、米国の「ケインズ連合」を崩壊に導きましたし、レーガン・ブッシュ政権が、新自由主義的政策の実施によって「ソ連邦」解体へのきっかけとなったのはいうまでもありません。クリントン政権は、「日本異質論」を展開し、徹底した対日要求によって「日本型集権システム」を崩壊に導く、これまた先導役を果たしたことは明らかでした。

さて、第Ⅲ章では、以上の叙述を踏まえ、米国の対外政策によって形成された今日のグローバリズムは何を目指すのかを論じましょう。(最新のグローバリズムをアメリカン・グローバリズムとして分析を進めた著書として、中本悟編『アメリカン・グローバリズム』日本経済評論社、二〇〇七年を参照されたい)。その第一は、一九九五年世界貿易機関の設立に集約される、米国の対外経済政策です。とりわけ、一九八〇年代から米国は、二国間協定、地域協定などを通じて、多国籍企業の市場シェアの確保のための具体的な協定づくりに精力を注ぎます。ハイテク化さらにはサービス化した米国の多国籍企業の利益を考えると戦後国際経済システムを支えたＩＭＦ・ＧＡＴＴ体制は、新たなシステムの構築に向けて再編されなければなりませんでした。米国では、経常収支の赤字が深刻となり、対外不均衡が問題視されるようになりますが、一九九五年以降になると、その対外不均衡について新たな考え方が出てくることになります。

ジャネット・L・イエレンが委員長となって作成した『一九九八年大統領経済諮問委員会報告』は、「経常収支赤字が貯蓄の増加と投資の増加と同時に起こったときには、それをあんまり心配することはない」と言い切ったのでした。なぜなら、米国の経常収支の赤字は、米国の景気拡大・完全雇用水準での経済活動がベースになっているからだというのです。「現在の貿易赤字は、家計や企業の意思決定、政策選択、そしてとりわけ海外の金融不安と成長の停滞という状況において、米国経済の力強さを表している」と『報告』は、結論づけたのでした。

こうした議論の背景には、金融を通じて富を蓄積するという米国経済政策の劇的な転換があったことが指摘されなければならないでしょう。第Ⅲ章第2節において、私たちは、米国による金融覇権がいかにして形成されたかを論じますが、それには、米国の現在の金融システムがどのように形成されたのかを見る必要があるでしょう。結論をいえば、この金融システムは、金融市場の証券化を意味するのですが、この形成は、一朝一夕に出来上がったものではありません。

私たちは、一九七〇年代からの米国巨大銀行・金融機関の証券市場を通じての富の蓄積について論じ、さらにそれが国際的に展開する具体的プロセスについてみてみることにしましょう。すなわち、国際資本取引の自由化によって、米国は、金融を通じて強大な経済覇権を形成する道を歩み始めることになったのです。一九八〇年代後半から九〇年代にかけて世界的に展開された国際収支の資本収支勘定の自由化がそれを表しています。東アジアでは、インドネシアが一九八八年に資本収支勘定の取引を自由化しましたが、ソ連崩壊後、その傾向はグローバルに進展し、多くの国で国際資本取引の自由化が展開したのでした。サブプライムローン問題が単に米国の問題だけではなく、ヨーロッパをはじめ世界的に広がったのも、この国際資本取引の自由化の制度的構築が世界的に展開していたからにほかなりません。

私たちは、第Ⅲ章第3節で、こうした国際的金融不安定性の形成メカニズムを論じます。米国の対外経済政策は、国際的金融不安が断続的に引き起こされるものの、国際資本取引を規制して危機を乗り切るという方式を採りません。国際資本取引の自由化は、ある特定地域への資本の世界規模での集中的投資によって経済的活況と同時に深刻な投機の行き過ぎをもたらし、経済危機を引き起こす要因なのですが、米国多国籍企業・金融機関にとっては、資本を国際的に動かし、莫大な収益を上げるまたとない機会でもあるからなのです。つまり、米国商業銀行・金融機関は、間接金融方式を放棄し、証券化された市場から多くの収益を上げ、また世界的な金融の証券化は、米国金融機関の経済的覇権の基盤ともなっているからなのです。一九九九年末において、米国商業銀行は、従来型の金利に基づく収益以外の非金利型収入がその全収入の四五％を占めたというのです。

この時期の非金利型収入の増大は、デリバティブ取引と非預金型手数料とに集中したとされますが、この二つとも巨大銀行の活動の結果といえましょう。デリバティブ取引とは、証券、商品、金利、外国為替などの価格変動を利用したトレーディングによる収入をいいますが、一九九三年以来はじめて、商業銀行収入の三％を超えました。非預金型手数料とは、クレジット・カード手数料、モーゲイジ・サービスやリファイナンス手数料、ミューチャル・ファンド販売サービス手数料、証券化された貸付から生じる手数料などで占められ、従来の商業銀行の収益構造とは大きくその様相を変化させました。

一九九八年四月アジア通貨危機後に、わが国日本では、「外国為替及び外国貿易管理法」を抜本的に改正した「外国為替及び外国貿易法」が施行されました。外国為替取引の完全自由化・海外証券投資の自由化へと突き進んだこの事実は、日本企業の多国籍企業化がその背景にあるとはいえ、以上述べた金融覇権を狙う米国の強い要請が働いていたことも見逃すことはできないでしょう。

かくして、私たちは、第Ⅳ章グローバリズムにどのように対応するのかにおける第1節で、わが国が米国との経済摩擦に直面しどのような対応をとってきたかを検証してみることにします。このプロセスは、米国の要求によって、日本経済の構造改革へと突き進む過程と重なります。しかも、この構造改革は、最終的には、日本大企業の多国籍化の本格的進展を背景に、日本経済を米国型経済へと変身を試みる過程であったことに留意する必要があります。戦後営々と築かれてきた日本型経済システムは、小泉改革をもって大きく米国型へと舵がきられたのでした。しかし、こうした米国発グローバリズムに対応するやり方は、小泉改革あるいはそれを引き継ぐ自民党・公明党連立政権の道筋しかないのでしょうか。私たちは、ここで、米国の裏庭といわれたラテン・アメリカで最近起こっている、米国のグローバリズムへの対抗戦略を検討してみる必要がありそうです。こうして、第Ⅳ章第2節では、米国のグローバリズムへの対抗戦略をラテン・アメリカに見てみることにしましょう。そして、最後に、グローバリズムに対して、今何が必要なのかを未来を見つめる大きな歴史の流れの中で、検討してみることにいたしましょう。

I　現代グローバリズムの歴史的前提

1　米国はどのように国際経済システムを構築したか

現代グローバリズムの歴史的前提とはいかなるものだったのでしょうか。この章では、第二次世界大戦後の国際経済システムを米国がどのように構築したかが論じられます。その国際経済システムは、一九三〇年代から四〇年代にかけて引き起こされたイギリスから米国への覇権の交代によって、戦後、初めて実現したものでした。もっとも、この覇権交代は、一朝一夕に生じたものではありません。まず、英米の世界経済における覇権がどのように移り変わったのかについて、以下では述べてみることにしましょう。

第一次世界大戦は、英米の覇権交代にどのような意味を持ったか

一九世紀は、イギリスの世紀でした。一八一五年イギリスは、ナポレオン戦争に勝利し、その

後一九一四年の第一次世界大戦の勃発まで、いわゆるパックス・ブリタニカ、イギリスの支配による「平和の時代」が続きました。しかし、その間、フランス、ドイツ、米国、ロシアの台頭があり、日本も日清戦争、日露戦争の勝利によって列強の一員として加わります。時代は、群雄割拠の帝国主義時代となります。一九一四年には、オーストリア・ハンガリー帝国がセルビアに宣戦布告し、ドイツ、オーストリア、ブルガリア、トルコの同盟国とフランス、イギリス、ロシアとの協商国側とに分かれ、世界戦争が勃発します。

この第一次世界大戦は、米国にとって世界経済の覇権を握る第一歩を記した記念すべき戦争となりました。米国は、一九一四年の戦争勃発時には中立の立場をとりますが、その後、一九一七年四月六日、イギリス、フランス等の協商国側にたって参戦します。一九一八年一一月一一日に第一次世界大戦は、休戦となるのですが、覇権交代劇という観点からこの戦争をながめますと、米国が債権国に成り上がり、逆に一九世紀に権勢を誇ったイギリスが衰退の傾向を止めることができなかったという事実が重要となります。

ところで、「米国が債権国に転化した」とはどういうことなのでしょうか。ひとことでいうと、それは、米国が対外的経済関係において、債権額が債務額を上回る事態になったということなのです。どの国も外国との交流がありますが、その経済的関係を、過去から現在までの積み重ねの結果として表示したのが、国際投資ポジションになります。この国際投資ポジションとは、その国の対外的経済関係を示した数値なのですが、一体何のことなのでしょうか。それを理解するには、まず国際収支における経常収支とは何かから説明する必要があります。

厳格な鎖国状態でもない限り、すべての国は、対外経済関係に入ります。輸出による受け取り、対外投資からの収益、移民による対内送金、その他の収入を海外から獲得しますと、これらはまとめて経常収入といい、その逆に輸入による支払、対内投資から生じる支払、移民による対外送金、その他の支払を海外へ行いますと、それらは経常支払となり、その差額が経常収支というわけです。経常収入が支出を年々上回りますと、それを経常収支の黒字という表現をしますが、その国には年々貯蓄がたまっていくことになります。

国際金本位制の時には、通貨制度の根本に金があり、外国との支払は最終的には金で決済されましたから、経常収支黒字の国、つまり経常収入が支出を上回る国には、金が蓄積されたのです。逆に、経常収支が赤字の国、つまり経常収入が支出を下回る国は、その差額の支払をするためには金で支払をするか外国から借金をする必要がありました。これを家計になぞらえれば、経常収入が一家の稼ぎで、経常支出が一家の支払になります。収入が支出を上回れば、経常収支は黒字で、その差額が貯蓄になり、自動的に貸借関係において貸し付けが発生することになります。貸し付けられるお金は、家計から出ていくことになりますから、資本収支において自動的に赤字が発生することになります。年々稼ぎの多い家計には、貯蓄が年々積みあがっていくことになるのです。

ところでこの貯蓄は、どこに存在するのでしょうか。もちろん銀行です。したがって、稼ぎの多い家計は、自動的に銀行の預金が蓄積される、つまり、債権額が積みあがっていくことになります。国の債権・債務もこれと理屈は同じです。経常収支の黒字は、自動的に対外的貸借関係において貸付が発生することになります。つまり、経常収支の黒字は、自動的に資本収支の赤字となるわけです。国際経済関係の場合、支払は通常、国際金融の中心地において、中心国の通貨が国際的支払いに使用されますから、経常収支の黒字の国には、貯蓄が蓄積され、自動的に資本収支の赤字、すなわち、対外的貸付を行うことになります。また逆に、経常収支の赤字の国は、対外的借入を行わざるをえません。

ここからおわかりのように、経常収支の黒字を継続させますと資本収支の赤字、すなわち対外貸付が継続するわけですから、国際投資ポジションがマイナス（対外債務累積額が対外債権累積額を上回ること）であっても、いつかはプラスとなり、債権国となります。逆に、経常収支の赤字を継続させますと資本収支の黒字、すなわち対外借入が継続するわけですから、国際投資ポジションはいつかマイナスとなり、債務国になるというわけです。

米国は、一九世紀を通じて債務国でした。一九一四年の第一次世界大戦勃発時においても対外債務が七二億ドルもあり、対外債権三五億ドルを差し引くと三七億ドルもの純債務を負っていました。しかし、戦争勃発と共に訪れた協商国側への輸出の急増が米国を一気に債務国から債権国へとのし上げた要因だったのです。米国の輸出超過額は、一九一五年に一〇億ドルを超えましたが、一六年には三〇億ドルを超え、一挙に債権国の地位へと押し上げたのでした。世界大戦終結時には、対外債務は、四三億七六〇〇万ドルに減少し、それに代わり対外債権が一六九億三八〇〇万ドルに膨れ上がり、差し引き一二五億六二〇〇万ドルの純債権国へと躍り出たのでした。世界経済を牛耳るには、債務国から債権国にならなければなりません。個人の関係でも、相手に金を借りている立場と貸している立場では、借りている人間がぺこぺこし、貸している人間が威張っていることになるのは、よくあることです。世界経済においても同じことが言えます。第一次世界大戦が、その意味で、米国がイギリスから世界経済の覇権を奪う経済的基盤になったことはいうまでもありません。

「世界の銀行」となるための条件とは？

しかし、それだけでは、世界経済をわがものにすることはできません。ここで重要なのは、その国の通貨を国際通貨として世界に通用させることなのです。一九世紀から二〇世紀にかけて、第一次世界戦争が勃発するまで、国際通貨制度は金本位制でした。制度として金が通貨制度の基礎にあり、銀行券は金との交換が可能でした。しかしながら、現実の国際貿易では、イギリスの国民通貨であるポンド・スターリングが使われ、金が取引に出てくるのは決済の最終段階であり、日常的に金貨が常に流通していたわけではありません。ポンド・スターリングが国際貿易に使われていたのは、イギリスの経済力が強かったことにあり、輸出入に占めるイギリスの地位も大きいものでした。

ところで、ポンド・スターリングが国際貿易に使われるとはどういうことなのでしょうか。ここで、日本からオーストラリアに生糸が輸出されるケースを考えてみましょう。

日本の輸出商は、この場合、オーストラリアの輸入商と契約を結びますが、その契約にしたがって、日本の輸出商は、日本の外国為替銀行に契約額にしたがったポンド為替を買い取ってもらうのです。この手形は、これこれしかじかのポンドを支払えという内容を持っていますから、取立手形または逆為替といいます。為替は債務を負った側が振り出すものを並為替といいますが、この場合は、その逆なので逆為替というのです。ところで、この手形は、ポンド手形ですので、ロンドンにある日本の銀行の支店あるいは、取引銀行に送られ、最終的に、オーストラリアの名宛人が銀行を通じて支払うということになります。支払地は、ロンドンになります。しかも、日本の輸出商にとっては、この手形の支払が確実かどうか不安ですから、手形支払の保証をロンドンの金融業者に行なってもらいます。この金融業者が、あの有名なマーチャント・バンカーなのですが、その支払保証を手形の引き受けといいます。引き受けられた手形は、信用の高いものですから、ロンドンの金融市場において低利で割り引くこと（ビル・ブローカーの買取日から手形支払期日までの利息を額面金額から差引いて、資金の融通をえること）ができます。この割引業者をビル・ブローカーというのですが、この低利で割り引くことは、手形を所有している銀行にとっては大変都合のよいことになります。

ロンドンは、こうした金融便宜を世界の諸銀行に与えることで、ポンド手形を世界の貿易手段として通用させることに成功したのでした。これが、ポンド・スターリングが国際貿易に使われるということの意味なのです。ビル・ブローカーによって割り引かれた手形がイングランド銀行によって再び割り引かれますと、最終的にイングランド銀行が、日本とオーストラリアの貿易の金融に関与することになるわけですから、イングランド銀行は、イギリス人の金融に最終責任を負うだけではなく、世界の人々の金融に役に立つということになります。一九世紀も半ばを過ぎますと、イギリス金融市場における外国手形の占める比率はかなりのものとなり、イギリスの銀行は、国内のみではなく外国に対して多くの貸付を行なうことになったのでした。イギリスが「世界の銀行」だったというのは、こうした意味なのです。

米国は、イギリスの経済覇権を奪うのに何が必要かを熟知していました。それは、ポンドに代わるドルの体制を創らなければならないということでした。しかし、そのためには、ニューヨークを国際金融の中心地にすることが必要でした。それにはいうまでもなく、強力な中央銀行の創設が望まれました。

米国は、一九一三年に連邦準備制度を成立させ、一四年には、その活動が開始されることになります。米国に歴史上初めての全国的中央銀行が設立されたのです。連邦準備法は、全国を一二の準備地区にわけ、それぞれにその地区の名をつけた連邦準備銀行を置き、ワシントンDCにはこれらの監督調整機関として連邦準備局を設けたのです。そこには連邦準備銀行券を柔軟に発行可能とする通貨発行原理がありました。それは従来の担保国債に基礎を置く融通の利かない国法銀行制度とは異なったものでした。そして、米国は、この連邦準備制度において、銀行引受手形機構を創設し、国際金融へ積極的に対応するシステムの構築に動き出したのでした。

つまり、一九世紀にイギリスが構築していたポンド体制をドル体制に持ってゆくべく、米国の銀行によるドル手形の引受機構を制度的に整備したのでした。具体的に述べれば、連邦準備制度に加盟している米国の銀行が、外国貿易から生じる為替手形の引受を承認し、さらにその引受手形を再割引すれば、手形引受市場に、連邦準備銀行による資金供給は可能となったのでした。

大恐慌が資本主義諸国へ与えた衝撃とは？

一九二〇年代が、イギリスに代わって米国が債権国として登場し、世界市場に多額の資本の貸付を行っていったのは重要な歴史的事実です。イギリスは、一九二〇年代、かろうじて経常収支を黒字としていましたが、一九三〇年代には、赤字に転じました。一九二〇年代を通じて、資本を輸出する力は徐々に低下し、一九三一年には、金本位制を離脱しましたから、ポンドの為替相場での売り圧力を回避するには資本輸出を規制あるいは禁止せざるをえません。こうしたイギリスに代わって世界経済への資本提供国となったのが米国でした。一九二〇年代において、米国の対外証券投資は、地域的には、ドイツを中心とするヨーロッパ、カナダ、南米の順になされていきました。一九二〇年から二九年の一〇年間に、ドイツへは一〇億三七〇〇万ドル、カナダへは、一六億五〇〇〇万ドル、アルゼンチン、ブラジルなど南米諸国へは、一四億六三〇〇万ドルの新規の対外証券発行がおこなわれたのでした。

第一次世界大戦で敗れたドイツは、多額の賠償金を背負い、戦後の復興を米国からの資本に頼らざるを得ず、企業は多額の債券の発行を行ったのでした。また、アルゼンチン、ブラジルなどの南米諸国では多くの公債が発行され、道路、鉄道、港湾あるいはガス、水道施設などのインフラストラクチャー、公共施設に資金が使われたのでした。

一九二〇年代の米国からの対外投資において証券投資が重要性を増すに至った事実は、上に述べた通りなのですが、証券投資の特徴として、きわめて景気状況に敏感に反応することが注目されなければなりません。というのは、証券投資は、直接投資と異なって会社の支配・経営を目的としてなされるものではありません。株式は特にその値上がりをねらったキャピタル・ゲインの獲得が目的となる場合がありますし、債券の場合も債券市場において簡単に売買の対象となってしまいます。一九二〇年代の対外証券投資は、米国投資銀行業の積極的活動とかなりの高利回りに支えられて、活発化したのでしたが、この外国証券の発行と投資熱は一九二七年には頂点をむかえ、その後低下の傾向が引き起こされたのでした。一九二七年末頃までに、オーストリア、オランダなどで景気後退が確認されましたが、二八年になるとドイツ、フィンランド、ブラジルで景気後退が開始され、二九年のはじめまでには、ポーランド、カナダ、アルゼンチンと拡大の傾向を示したのでした。

ところで、ちょうどこの時期の世界経済にとって不幸だったのは、米国株式市場に急激な投機的現象が引き起こされたことでした。国内の株式発行高は、社債市場、外債市場の停滞を尻目に、一九二八年初頭から急上昇を開始し、一九二九年初頭には一四億ドル台を突破しましたし、二九年の中頃までには一六億ドル台に至る勢いでした。こうした事態には、世界経済的に見ますときわめて大きな問題が含まれていました。といいますのは、本来資本供給国として世界経済に資本を提供すべき米国が逆に資本を集中させてしまうという逆転した事態が生み出されたからでした。しかも、米国では一九二九年一〇月に株式市場が大暴落し、これ以降世界経済は、崩壊過程を辿っていくことになります。

世界経済の崩壊とは、国際貿易や国際投資が壊滅状況になることを言います。具体的には、国際貿易が縮小し、国際的資本取引においても、各国に投資されていた資本が自国に償還され、あるいは売り払われて、資本が引揚げられることが起こってしまうのです。一九三〇年代には、国際金本位制が崩壊し、金による為替価値の維持機構がなくなったため、自国の為替相場は、為替管理によって維持されるという事態になっていきました。こうして、各国は独自の通貨ブロックに分裂し、世界経済に統一的な国際通貨が存在することがなくなってしまったのです。

イギリスは、一九三二年七月にオタワ協定を結び、英帝国特恵通商政策を採用し、いわゆるスターリング・ブロックを形成しました。ドイツは、一九三四年六月、いっさいの対外債務のモラトリアム、すなわち債務不履行、わかり易くいえば、借りた借金を返さないという政策を実施し、ナチス・ヒトラーによる広域経済圏の形成に奔走することになります。

米国はどうだったのでしょうか。一九二九年一〇月の株式崩壊の後、米国の経済は、その崩壊のみではすまされず、一九二九年から三三年の春まで失業者は急増していくことになります。様々な推計がありますが、全国産業会議委員会は、一四五八万六〇〇〇人、またAFLは、一五三八万九〇〇〇人、CIOは一六〇〇万人以上という失業統計を出しました（D・A・シャノン編・玉野井芳郎・清水知久訳『大恐慌─一九二九年の記録』中公新書、一九六三年、一九ページ）。当時の失業の経済的影響は現在のそれとは決定的に異なります。なぜなら、公的な失業保険などという制度は存在しませんでしたから、失業することは、資産がなければ、即生活に困ることを意味しました。公的年金ももちろんありません。

一九三一年当時、米国では「ソ連邦からの熟練労働者六〇〇〇人の求人に一〇万人の応募者が殺到」という今ではとても信じられないような事態が発生します。「すくなくともここしばらくはアメリカを離れて、ロシア人と運命をともにしようと決心したアメリカ人の大部分は、ニューヨーク州に住む人びとである。ペンシルヴェニア、ニュージャージー、イリノイなどの州からも、かなりの数が「熟練労働者六〇〇〇人」の新募集に応じている」と当時の『ビジネス・ウィーク』誌が報道しました（同上訳書、三〇ページ）。こうした事態になるには、それ相当の理由があったわけですが、米国による対外経済政策上の失敗が影響したことは否めないでしょう。それは、一九三〇年に成立した「スムート・ホーレー関税法」でした。この関税法は、米国史上、最高の高率保護関税法であり、今日に至るまで、この関税法の上を行く関税法は成立してはいません。この保護関税法が各国からの反発を招き、世界経済を崩壊させる一因となったことは明確でした。

米国は、一九三四年六月になって初めて、ニューディール政策の一環として互恵通商協定法を制定し、自由貿易主義的転換を試みることになります。この協定法は、一九三九年一一月までに二〇カ国と締結され、その協定のもとに米国貿易の六〇%近くが行われるまでになりました。関税引き下げによる米国市場の開放と同時に相手国の門戸開放を迫るというのがこの協定法の立法趣旨でありました。

老獪な経済学者ケインズの仕掛け

大恐慌は、様々な分野に多くの衝撃を与えました。経済学の分野では、ケインズ革命を生み出したことが特筆されるべきでしょう。ジョーン・メイナード・ケインズとは、いうまでもなく、一九世紀後半から二〇世紀にかけての偉大な経済学者アルフレッド・マーシャルの弟子であり、二〇世紀前半を代表するイギリスの経済学者ですが、自由放任を説いたマーシャルとは異なり、知性によるコントロールという観点から、当時の経済学に革新的息吹を吹き込みました。

ここでは、ケインズの国際経済政策をめぐってそれがなぜ革命的な考えであったのかについて論じてみましょう。当時の経済学の主流派は、自由放任に基づく自由貿易主義と国際金本位制が、国際貿易にとって望ましいという立場をとっていました。ケインズは、正直にもこうした考えを自分も正しいと思っていたと反省の気持ちを込めて述べています。曰く。「私の批判の重点は、私が教え込まれ、長年私が教えてきた自由放任学説の理論的基礎の不十分さに対して——（略）——向けられる。なぜなら、われわれ経済学者仲間は、何世紀にもわたって実際的政策論の主要目的となっていたものをくだらない妄想とみなすという僭越な誤りを犯していたことが明らかとなったからである」（J・M・ケインズ著、塩野谷祐一訳『雇用・利子および貨幣の一般理論』東洋経済新報社、一九九五年、三三八ページ）。

時代の変化を察知するのが早かったケインズは、国家の経済への役割を強調する重商主義の考えのほうが、自由放任に基づく自由貿易主義より合理的な考えであるとします。彼は次のように述べるのです。「全体としての経済体系を問題にし、体系の全資源の最適利用を確保することを問題にする政策論への貢献としては、一六世紀および一七世紀における経済思想の初期の先駆者たちの方法は、断片的であれ実際的叡智に到達していたといってよいが、その後それはリカードウの非現実的な抽象によってまず忘れ去られ、次に抹殺されることになった」（同上訳書、三三九ページ）といいます。初期の先駆者たちとは、重商主義者であり、リカードウの非現実的な抽象とは、自由放任の自由貿易主義のことですが、リカードウ理論の欠陥はどこにあったというのでしょうか。それを述べるには、国際金本位制が世界経済に果たした破滅的役割の意味を理解する必要があります。

国際金本位制の最大の問題は、国内の経済政策がその国の国際収支の状況によって決定されてしまうことにありました。なぜなら、国際取引には金が必要とされたからにほかなりません。したがって、不況下にあり、金準備が減少しつつある国際金本位制下の政府当局にとって、失業を克服する手段は、相手かまわず隣国の製造業者を犠牲にしてまで、輸出超過を図るとか、あるいは貨幣用金属の輸入に狂奔する様々な行動をおこすか、いずれにしても、国内の経済的繁栄をもたらすには、その手段が、市場の獲得と貴金属の競争的な獲得欲とに直結されてしまうことにありました。ケインズは言います。「各国の利益を隣国の利益と対立関係におくのに、国際的金（あるいは、以前には、銀）本位制度ほど効果的なしくみが工夫されたことは歴史上かつてなかった」（同上訳書、三四九ページ）のです。

こうして、ケインズは、国際金本位制に代わる新たな体制を提案するのですが、そこにおいて行われなければならない緊急の政策は、まず、国際的な関心事によって妨げられることのない自律的な利子率政策であるとします。つまり、金融政策は、金獲得のために使われるべきではなく、国内の経済事情を優先させることが必要であると考えるわけです。さらに国内雇用の最適水準を目標とした国家投資計画の政策であるともいいます。すなわち、金融政策の自律的展開と同時に財政政策を国家が駆使して失業を解消し、完全雇用を作り出すべきであるとします。なぜなら、こうした政策こそ、われわれ自身の幸せとともにわれわれの隣人をも同時に助けるという意味で二重に幸せなものだからというのです。しかも、経済の健康と活力――それを国内雇用水準と国際貿易量のどちらによって測るとしても――を国際的に取り戻すことのできる途は、すべての国々が相携えてこれらの政策を同時に実行することであると述べたのでした。

ところで、すべての国が相携えて、自律的利子率政策と国内雇用の増進を目的とする国家投資計画を実施することが、どうしてわれわれ自身の幸せとともに隣人をも同時に助けることになるのでしょうか。ここで私たちが注意しなければならないのは、この時代の世界経済は資源があり余り、資本も労働力も豊富に存在し、遊休していたことなのです。こうした時代には、国家の政策として、利子率を低くし、財政支出政策による有効需要の注入によって、企業の操業度を高め、企業の投資活動を活発にし、失業者を解消し、国内における個人消費、企業投資、政府支出を活発にし、資源の有効利用を図ることが望まれたのでした。

個人消費、企業投資、政府支出をあわせて内需といいますが、そこには、普通、輸入が含まれますから、すべての国が相携えてこうした政策を採れば、各国の輸入が活発に、言い換えれば、それら相手国の輸出が活発になりますから、「われわれ自身とわれわれの隣人とを同時に助けるという意味で二重に幸せなものである」ということになるのです。すなわち、ケインズは、世界の国々が国際金本位制に縛られることなく、その自主性において、完全雇用を実現すべく、財政・金融政策を展開し投資の活発化を行えば、世界貿易は拡大され、世界のGDP水準の向上とともに世界的な失業の増大は防ぐことができるとしたのでした。

これは、まさしくケインズの理想郷でした。ケインズ自ら「これらの思想の実現は夢のような希望であろうか」とも述べています。しかしあきらめてもいません。なぜなら彼は次のように言っているからです。「しかし、もし思想が正しいとすれば――これは、著者自身が叙述に当たって当然のこととして基礎にしなければならない仮説である――、十分な時間をかけてみないで思想の効力を否定するのは誤りである、と私は予言する。現在、人々はふだんと違っていっそう根本的な診断を待望しており、それを受け入れようとする気持ちはとくに強く、それが少なくとももっともらしいものであれば、それを試みてみることを熱望している」（同上訳書、三八六ページ）というのです。

ケインズは、以上の考えを「夢のような希望」に終わらせることなく、第二次世界大戦後の国際通貨体制作りにおいてその実現を試みたのでした。一九四〇年の夏、ケインズは、イギリス大蔵省において大蔵大臣顧問という新しい仕事につきます。そして、米国のH・D・ホワイトを相手に戦後の国際通貨体制作りに奔走することになります。ケインズは、各国の中央銀行の上に、その中央銀行とでも言うべき新機関の創設を提案したのでした。彼はそれを国際清算同盟（International Clearing Union）と名づけたのですが、そこにはさらに従来の国際通貨に代わってバンコール（Bancor）と呼ばれる新通貨の創設が含まれていました。各国は、バンコール建の勘定を国際清算同盟内に持ち、金ではなくバンコールで国際収支の差額決済にあたるというものでした。貸越も許されますので、各国は国際的支払手段不足に陥ることはなく、国際間の経済交流の促進は確実に、世界経済の発展をもたらすだろうことが期待されました。

しかしこの提案は、まさに老獪な経済学者ケインズの面目躍如というところでしょう。なぜなら、この国際清算同盟は、大戦で多額の金準備・外貨を喪失したイギリスの利益を考えてのことでもあったからです。世界大戦は、多くの国を戦禍による疲弊状況に追い込みましたが、米国のみが無傷で、生産力の発展には目を見張るものがありました。ケインズは、この米国を利用し、バンコールによって戦後復興の資源を獲得しようと考えたのでした。戦後の国際貿易関係で、米国が一方的に輸出超過になり、ヨーロッパ諸国をはじめ多くの国が輸入超過になることは誰の目にも明らかなことでした。国際清算同盟によって、何の拘束もなくバンコールによって自由に米国から復興資源を獲得できるわけですから、ケインズの祖国イギリスにとってこれに勝る国際通貨システムはないといっていいでしょう。

もちろん、米国にとってはたまりません。米国は、このケインズ案は、米国を「世界の乳牛」と化すものだとして、同意することはありませんでした。いかに戦後復興が大事だとは言え、乳牛のように一方的に乳を搾られてはたまらないと考えたわけでした。

このケインズ案に対して、米国は、H・D・ホワイトによる国際中央基金案を提示しました。この基金案は、資金総額五〇億ドルを加盟国それぞれに経済力に応じた額で出資させ、出資額に応じた発言と取引を許可するというもので、米国の絶大な経済力を、基金を通じて発現できるという代物でした。したがって、ホワイト案は、ケインズ案と異なり、不足する国際的支払手段を極めて自由に、この組織から引き出すということは不可能だったのです。米国のねらい目もそこにあったといえるでしょう。

なぜなら、この限定された国際中央基金の出現によって、米国による直接的な援助政策が、戦後の経済復興にとってきわめて重要な鍵を握ることになったからです。まさしくドル体制の出現ですが、これこそ現代の米国によるグローバリズムにつながる歴史的原点を形成したといってよいでしょう。もし、ケインズ案が基軸となり、国際清算同盟ができていたならば、米国が直接的援助によって世界経済を支配するということは不可能であったと言えるからにほかなりません。

イギリスから米国への覇権の交代

一九三九年九月、第二次世界大戦が勃発しました。米国は、当初、第一次世界大戦時と同じく、中立の立場をとりました。一九三七年には中立法（Neutrality Act）を制定し、米国民の交戦国への物資援助を禁止したのですが、三九年一一月に改正し、米国の安全と平和の維持のために必要であると大統領あるいは議会が認めたならば、現金自国船条項（cash and carry provision）が発動され、連合国側は、自国船と現金支払による商業ベースでの軍需品の確保ができるようになりました。連合国側、とりわけ往年の王者、イギリスの経済的疲弊は著しく、ほぼ四五億ドルの金とドルの流動資産によって第二次世界大戦に突入したといわれました。一九四一年の春までに、この国は一五億ドルもの在米有価証券を売り払うことによって軍事物資の調達をせざるをえず、海外の資産売却が継続したのでした。一九世紀に、向かうところ敵なし、あるいは世界中のどこにでも植民地を有し、「太陽の沈まぬ国」と呼ばれた大英帝国も、ことここに至って売り食いの、「たけのこ生活」に相成ってしまったというわけです。

こうした事態は、第一次世界大戦で、一気に債権国に成り上がった米国が、世界経済の覇権をイギリスから奪い取る千載一遇のチャンスとなったことを意味しました。米国は、一九四一年三月一一日、武器貸与法（Lend-Lease Act）を成立させ、連合国に対する武器供給を正式に認めます。世界経済史上におけるイギリスと米国との覇権の交代から、この武器貸与法をみてみますと、この法に基づいた、米国とイギリスとの間の、武器供給の原則を取り決めた相互援助協定（Mutual Aid Agreement）の重要性が理解できます。とくに、その第七条については、注目しなければなりません。というのは、この七条において、米国による武器援助の代償が規定されたのですが、読み方によっては、スターリング・ブロックの解体とも取れる内容を含んでいたからでした。スターリング・ブロックの解体は、ブロック経済の強化によってかつての英帝国の結束をはかることを考えていたイギリスにとって深刻な事態を意味します。したがって、相互援助協定の締結をめぐっては英米間の利害の一致がなかなかはかれず、その確執から一九四二年二月二三日になってようやく成立したのでした。

その第七条では、援助の代償が規定されましたが、国際通商における一切の形式の差別待遇の除去、関税およびその他貿易障害の削減ということが謳われていました。当時、イギリスの首相であったウィンストン・チャーチルと米国大統領フランクリン・ローズベルトとの間では、この規定は、英連邦の特恵関税の廃止を意味しないと確認されてはいたのですが、早晩、イギリスのブロック経済は解体の運命にあることは予想がつきました。この相互援助協定の締結後、米国による連合国側への武器援助は巨額なものになっていきます。

一九四五年八月一五日、日本の無条件降伏によって、第二次世界大戦は終了します。米国政府は、その二一日、武器貸与法の廃止を発表します。多額の戦争債務と戦後の復興資金を必要としたイギリスにとって米国側からの援助は不可欠でした。ブレトンウッズ協定の批准の期限は、四五年一二月三一日と迫っていましたが、ケインズを団長とするイギリス代表団は、その年の九月、訪米し、巨額な借款をめぐって両国の交渉が開始されます。結果は、三七億五〇〇〇万ドルを年利二％、五年間の据え置き後、五〇年間で返済という条件で多額のドル資金を米国から借り受けることに成功します。しかし、同時にイギリスは、ポンドの交換性の回復、米国商品の輸入に際して為替管理を行わないなど多角的自由貿易制度への復帰を約束させられることになります。

IMF・GATTはどのような世界を作ろうとしたか

老獪なイギリスの経済学者ケインズの国際清算同盟案は、米国側の拒否にあい成立しなかったことは既述のとおりですが、それでは米国は、どのような戦後の国際通貨システムの構築を行おうとしたのでしょうか。ここでは、一九四四年に結ばれたブレトンウッズ協定とその各国の批准によって成立した国際通貨基金（International Monetary Fund）と世界銀行（World Bank）の設立についてお話をする必要があります。

国際通貨基金と世界銀行の設立は、一九四四年五月、米国国務長官コーデル・ハルが、ニューハンプシャー州ブレトンウッズで開催される会議へ、連合国側の四四カ国を招待するところからはじまるといっていいでしょう。この会議は、この年の夏七月、ブレトンウッズのマウント・ワシントン・ホテル（The Mount Washington Hotel）で開催されるのですが、四四カ国七三〇人からなる各国代表が風光明媚な、この地、ブレトンウッズに集結したのでした。今でもこのホテルは、この地域を代表する老舗として有名で、冬は多くのスキーヤーで賑わう観光ホテルですが、その頃、日本では、本土決戦だとか神風が吹くなどといって無謀に始めた戦争への反省もなく、いたずらに被害が拡大の一途を辿っていたのです。ここで連合国の代表たちは、国際貿易を拡大し、失業を解消し、経済成長を持続させるには、一九三〇年代以降のブロック経済とは異なるどのようなシステムを作るのが必要かという議論を行っていたのでした。

国際通貨基金は、正式には、一九四五年一二月二七日にブレトンウッズ協定を批准した二九カ国によって設立されたのですが、基金そのものは、四七年三月一日に業務を開始することになります。また同時に戦後の復興と開発を目的とした国際復興開発銀行、通称世界銀行も設立されました。ここでは、戦後の国際通貨体制の特徴を、国際通貨基金を調べることによって明らかにしてみましょう。以下、国際通貨基金はＩＭＦと書くことにします。

ＩＭＦは、まず金本位制でも金為替本位制でもありませんでした。よく、ＩＭＦは金本位制であるという人がいますが、これは正確な表現ではありません。たしかに、ＩＭＦ協定では、第四条で「各加盟国の通貨の平価は、共通尺度たる金により、または一九四四年七月一日現在の量目及び純分を有する合衆国のドルにより表示する」としましたし、金一オンス＝三五ドルという交換レートがとられたのも事実ですが、この交換は、米国と各国通貨当局との間の約束事を意味し、民間の所有するドルが金と交換可能となったわけではありません。米国連邦準備銀行券は、金貨と交換することはできなかったのです。それでは、ＩＭＦの国際通貨制度としての特徴はどこにあったといえるのでしょうか。

私は、それは固定相場制にあり、経常取引の自由を理想とし、そのため、資本取引は管理下におくという制度であったというのが一番重要な特徴点ではないかと考えます。というのは、戦後の国際通貨体制は、既に述べましたケインズ的理想を、米国・ドルを基軸に成立させたと私は考えるからです。

ケインズは、世界の国々が国際金本位制に縛られることなく、その自主性において、完全雇用を実現すべく、財政・金融政策を展開し、投資の活発化を行えば、世界貿易は拡大され、世界のＧＤＰ水準の上昇と共に世界的な失業の増加は防げるとしたのでした。ケインズにとって重要であったのは、財政・金融政策の自主性であり、対外的事情によってそれが左右されてはなりません。したがって、固定相場制を採用する以上、資本取引は管理下におかれることになります。もし、固定相場制を採用して、資本取引を自由にすれば、国際的資本移動に対して、金融当局は常に固定相場制を維持すべく市場介入を行わなければならなくなりますから、金融政策の自主性を保つことはできなくなります。

戦後の国際通貨制度は、まず、各国が完全雇用を目指して自主的な財政・金融政策を採用する際に一時的に陥るかもしれない国際収支上の混乱をＩＭＦからの資金援助によって防ぐことができることに大きな意義がありました。また、為替の安定は、所得と雇用の国内の安定の結果として実現すべきであり、したがって、各国のファンダメンタルズにあわせて時々改定する為替相場を理想としました。決して未来永劫ある特定の固定相場、たとえば一ドル＝三六〇円が続くと考えたわけではありません。また、経常取引に付随して起こる短期的資本移動と不均衡を助長する投機的短期的資本移動を明確に区別し、後者の規制を必要としました。ＩＭＦの条文では、資本の投機的移転や資本逃避を容認することはなく、逆に統制を要請したのでした。

ところで、戦後の国際通商体制についてはどのようなことが言えるのでしょうか。戦後国際通商システムも明確にケインズ主義的通商システムを目指したといっていいでしょう。最初のその提案は、米国国務省によって国連に提出された一九四五年一一月に行われたのですが、そのタイトルは、「世界貿易と雇用の拡大に関する提案」であったからです。この提案において米国は、完全雇用政策を優先させ、国際貿易の拡大をはかり、そのためには貿易数量制限の除去、関税率の削減と特恵制度の廃止が必要であると主張しました。この提案は、最終的にはハバナ憲章として一九四八年三月二三日、各国の調印を得るところまでは進みましたが、国際貿易機構

(International Trade Organization) を設立するという内容を含むこの憲章は、各国の批准を得るところまではいきませんでした。時代は米ソ冷戦へと突入し、多角的自由貿易主義によって世界平和を実現しようという論調が主流とはなれない時代へと入っていったからでした。

しかし、ハバナ憲章が各国の批准を得られずITOが設立されなかったからといって、ケインズ主義的通商システムが形成されなかったわけではありません。なぜなら、ハバナ憲章調印の前年、すなわち一九四七年一〇月三〇日、スイスのジュネーブにおいて、「関税と貿易に関する一般協定」(The General Agreement on Tariffs and Trade) が三四条にわたって作成され、一九四八年一月一日をもって暫定的な適用が開始されたからでした。

GATTは、単に関税考量に関わるだけではなく、特恵、数量制限、その他貿易制限について、ハバナ憲章の重要事項に関わるものでした。GATT前文には、「貿易及び経済の分野における締約国間の関係が、生活水準を高め、完全雇用並びに高度かつ着実に増加する実質所得及び有効需要を確保し、世界の資源の完全な利用を発展させ、並びに貨物の生産及び交換を拡大する方向に向けられるべきであることを認める」とあります。これは、世界貿易のマクロ的な効果を指摘しているわけですから、ケインズ主義的な国際貿易把握であるといっていいでしょう。しかもこうした目的を「関税その他の貿易障壁を実質的に軽減し、及び国際通商における差別待遇を廃止するための相互的かつ互恵的な取り決めを締結することにより」達成しようというわけですから、GATTは、明確にケインズ主義的思想の下に創設されたといえるのです。

2　戦後米国は世界をどのように作ろうとしたか

輸出にかける米国企業

戦後国際経済システムが、ケインズ主義的思想の下に、「全体としての経済体系を問題にし、体系の全資源の最適利用を確保することを問題にする政策論」(ケインズ、前掲訳書、三三九ページ)であったとしますと、それを支えたのはどのような産業だったのでしょうか。ここで私たちは、ローズヴェルト政権の対外政策の転換時までさかのぼってみることにしましょう。

既述のように、ローズヴェルト政権は、一九三四年六月に、互恵通商協定法を成立させ、一九三〇年スムート＝ホーレー関税法以来の高率関税政策を転換しました。ところで、この転換はなぜ引き起こされたのでしょうか。それは明らかに、高率保護関税政策が世界経済の崩壊を助長し、大恐慌の激化を引き起こしていったからなのですが、一九二〇年代以降の米国の新興産業が、輸出比率が高く、国際貿易の増進による利益を受けることが明確だったからにほかなりません。輸出比率とは、その産業あるいは企業の生産額に占める輸出額の比率のことですが、一九三九年の重要産業の輸出比率を若干あげれば、原綿二八・六%、葉タバコ三七・二%、工作機械四七・九%、自動車二一・三%であり、米国農業と資本集約的産業の多くが輸出比率の高い産業でした。資本集約的産業とは、資本・労働比率、つまり、一労働者あたりの資本ストック量は大きいのですが、労働生産性が高く、一労働者あたりの産出量も大きくなりますので、一産出量あたりの資本ストック量、これを資本係数といいますが、それは、小さくなります。

こうした産業は、費用構成において可変費（生産過程に投入される原料のように、生産量の短期的変動とともに変化する費用）に対して固定費（減価償却費や賃借料のように、生産量の短期的変動があっても変化しない費用）が高くなりますので、操業度を上げ、生産量が増加しますと、一製品あたりの固定費が減少しますので、平均費用が削減され、利潤率は上昇することになります。したがって、こうした産業には、操業度を上げ、生産量を増加させ、国内市場だけでなく外国市場へ積極的に販売しようとするインセンティブが働くことになります。

もし保護主義的な政策を国家として採用していますと、他国はそれに報復し、やはり保護主義的政策によって市場を閉ざしてしまいますから、輸出によって利益をあげることができません。外国市場などはどうでもいいと考える国内市場に依存している産業であれば、自分の市場を守る保護主義は、まさにその利益にかなっているのですが、資本集約的な輸出に利害を持つ産業としては、それでは困るのです。自分の産業の主な市場は外国ですから、外需に依存しなければなりません。外需は、外国政府の内需拡大政策による輸入増大によって発生しますから、世界経済的に資本・労働・資源が遊休している状況では、各国政府が相携えて、内需拡大政策を採る必要があるのです。

つまり、自国の内需拡大政策は、輸入増加につながり外国の企業への外需となるのですから、ギブ・アンド・テイクの精神で、すべての国が内需拡大政策を採れば、世界の輸出・輸入は、拡大され、世界のGDP水準が上昇することになります。自分の国は内需を拡大して輸入を増大させるのだから、外国もやはり内需を拡大して輸入を増大させてくださいというわけです。ここに、輸出比率の高い資本集約的産業とケインズ的有効需要政策、すなわち財政・金融政策が結びつく経済的根拠があります。

既述のように、戦後の国際経済システムは、ケインズ主義的に考案されたとはいっても、ケインズが主張した国際清算同盟案は、米国の強力な反対で葬り去られました。代わって、成立したIMFは、資金総額が小さく、戦後ヨーロッパの外貨不足には到底間に合うものではありませんでした。そこにまた米国の思惑があったわけで、彼らは、政治主義的なドルの援助政策を展開することで、イギリスに代わる米国を中心とするドル支配体制を形成しようと試みたのです。つまり、戦後予想されるヨーロッパをはじめとする世界経済の外貨不足にIMFではない、米国からの直接的援助を行い、米国の主導の下でケインズ主義的国際経済関係を形成しようと試みたのでした。米国の覇権主義にとってこれはまことに重要な点であり、現代グローバリズムが今日米国を基軸に展開しているのもこの政策が見事に成功したからにほかなりません。もし、ケインズの言うような国際清算同盟によって戦後の国際決済が行われる仕組みができていたなら、今日の米国による覇権主義は不可能であったといってよいのです。

マーシャル計画とヨーロッパの経済復興

自由・無差別・多角のケインズ的世界経済の構築には、各国による経常収支取引の自由化を実現することが不可欠でした。内需拡大政策を採り輸入を拡大するには、それ相当の外貨準備が必要とされましたが、第二次世界大戦直後、戦争で疲弊したヨーロッパ諸国には、充分な外貨準備などあるわけはありませんでした。戦時中ソビエト連邦は、連合国の一員として米国から武器貸与法に基づく貸付を受けていましたが、戦後ドイツ占領をめぐっての米ソの対立は、両国を決定的対立関係にまで追いやり、一九四七年三月一二日、米国大統領トルーマンは、上下両院合同会議で発表されたギリシャ、トルコへの四億ドル援助要請、別名トルーマン・ドクトリンによってソ連封じ込め政策へ転じます。このトルーマン・ドクトリンは、米国国務長官、マーシャルによって、ヨーロッパ復興計画、すなわちマーシャル計画へと結実します。

国務長官ジョージ・C・マーシャルは、マサチューセッツ州ケンブリッジにある米国最古のハーヴァード大学で、四七年六月五日、演説を行い、世界経済とりわけヨーロッパ経済の困難を述べ、正常化への復帰に米国ができるだけ援助することを表明します。と同時に、ヨーロッパ自身がそのためイニシャティブを採ることを要請し、これをきっかけとして、一六カ国からなるヨーロッパ復興会議がパリで開催され、復興組織計画が作成されます。ヨーロッパ経済協力委員会（OEEC）が復興計画の受け入れ機関として成立し、活動を開始しますが、米国は、一九四八年経済協力法を成立させて、一九五二年まで、ほぼ四年にわたるヨーロッパ復興計画が実施に移されることになるのでした。

総援助額一三一億五〇〇〇万ドルが一九四八年四月三〇日から五二年三月三一日にかけて、イギリス、フランス、イタリア、ドイツ、オランダの五カ国を中心につぎ込まれますが、ここで注目しなければならないのが、そのうち、贈与が九九億九八〇〇万六〇〇〇ドルと総額の七六%を占めている事実です。贈与とはただで差し上げるということですから、米国はヨーロッパに対してなんと寛大なことと読者の皆さんはお思いになるかもしれません。あるいは、ソ連が東からヨーロッパ進出を狙っていることを考えれば、米国にとってこれぐらいの失費はたいした額ではないようにも思えます。ことの真相は、どの辺にあるのでしょうか。

ここでは、今ではちょっと聴き慣れない「見返り美人」ならぬ「見返り資金」の説明が必要です。お年を召した方なら「あーあのことか」と戦争直後の日本の財政のことを思い出されることでしょう。そうです。ヨーロッパも、日本と同じように、米国からの援助物資は、現地で売りさばかれるのですが、その代金は、「見返り資金勘定」として、現地通貨で積み立てられなければならないのです。しかも、この勘定は、現地政府の財政収入の一部でありながら、米国政府の意に反して使うことはできません。すなわち、見返り資金とは「商品又はサービスが一九四八年経済協力法に承認された手段により参加国に贈与として提供される場合には、それに該当する金額を当該国の通貨をもって当該国と合衆国政府との間において協定された条件に基づき特別勘定として預金すること」と規定された勘定のことをいうのです。

ヨーロッパ各国は、この見返り資金を工業生産の促進に使いましたし、イギリスのように国家の借金を返済するために使った国もありました。いずれにしても、こうした米国からの援助によってヨーロッパ各国の経済復興は急速となりましたが、冷戦の激しさと共に、米国の援助政策の全面的軍事化が引き起こされていきます。一九五一年に成立した相互安全保障法は、ヨーロッパ復興計画への参加各国の見返り資金を軍事目的に使用すべきと規定し、軍事的生産、建設、設備、原材料のため排他的に使用されなければならないとしました。一九四八年に開始されたヨーロッパ復興計画は、ドル資金の供給によって、ヨーロッパ諸国の工業生産を拡大させ、輸出力の回復に大きく貢献しましたが、それは、同時にドル体制の確立を急ぐ米国の世界戦略の一環だったともいえるのです。

ドルを基軸とする多角的貿易決済システム

第二次世界大戦後、各国資本主義政府の財政・金融政策の自律的展開によって、国内雇用水準と国際貿易量は、戦前に比較すると格段に上昇しました。一九四四年のブレトンウッズ協定に基づくIMFによる国際通貨体制は、金本位制でも金為替本位制でもなかったことは既に述べましたが、外貨準備による制約は、IMFによる一時的な流動性供給によって緩和され、各国は完全雇用政策を目指して国内政策を展開させることが可能となりました。戦後のIMF・GATT体制下では、固定相場制の下で経常取引の自由が目指されました。つまり、財の貿易やその他の経常的取引を行うために必要な外国為替取引の自由化が課題となったのです。

戦後ヨーロッパ経済、日本経済は、時とともに経済復興を実現し、自由貿易の拡大、高度成長が、ケインズ主義的内需拡大政策とともに開始されることになります。イギリスをはじめ西ヨーロッパ諸国は、一九五八年一二月、非居住者の経常勘定に自国通貨とドルとの交換性を回復させましたが、六一年二月には、イギリス、フランス、西ドイツ、イタリアなど一〇カ国が居住者にも対外的経常支払に為替管理を行なうことを禁止しました。日本が、東京オリンピックの年、一九六四年四月に経常取引を自由化し、海外旅行も自由化されたことは、よく知られています。すなわち、主要資本主義諸国は、一九六〇年代の初めには、IMF八条国、GATT一一条国へと移行したのでした。こうして、戦後復興と共にケインズ主義的自由貿易体制は実現されたのです。

しかも、このケインズ体制は、ドルを基軸に実現されたのでした。一九五〇年代以降の世界経済の復興・再編は、米国商業銀行の国際業務の活発化によってもたらされたと言い換えてもよいでしょう。米国商業銀行が、国際金融上重要な役割を担うに至ったのですが、その金融の中心が貿易金融であったことは、戦後の混乱期を経て、IMF・GATT体制が理想とする多角的貿易システムがドルを基軸に形成されることを意味しました。

ところで、こうした米国商業銀行の働きは、第二次世界大戦終了直後から直ちに始まったものではありません。第二次世界大戦から一九五〇年代中頃にかけては、米国商業銀行の対外短期信用残高（outstanding amounts of short-term credits）は、一〇億ドルの域を出ず、その額は一九三〇年代初頭の世界経済混乱期とさほど変わるものではありませんでした。対外短期信用残高とは、その多くは、貿易によって振り出されたドル手形を引き受けあるいは買い取ることで米国商業銀行が与える信用の残高のことですが、米国商業銀行が引き受けたり、取り立てたりすることで短期に債権債務関係は決済されてゆきます。

例えば、日本の輸出業者が米国の輸入業者に一万ドルの鉄鋼の輸出をしたとしましょう。日本の輸出業者は、米国の輸入業者宛てに一万ドルのドル手形を作成し、日本の銀行で円に交換するのですが、そのドル手形は、米国・ニューヨークに送られます。ニューヨーク宛手形というわけです。日本の銀行は、取引先銀行を通じてそのドル手形を米国の商業銀行に引き受けてもらえば、その手形は信用が高くなり、容易に割り引いてもらえることになるでしょう。最終的にはもちろん米国の輸入業者がドルで支払をするのですが、その間、米国の商業銀行が貸付を行っていることになります。この貸付は、貿易から生じるものですから、貿易金融というのです。

一九五〇年代中頃にかけての米国商業銀行による貿易金融の低調さは、一九三〇年代と同様に、世界貿易あるいは米国貿易そのものの低調さによるものではもちろんありません。米国の輸出は、一九三八年から四八年にかけて、三〇億六四〇〇万ドルから一二五億四五〇〇万ドルへと飛躍的に増大し、さらに一九五五年には、一五四億三〇〇〇万ドルへの増加を示しているからなのです。

いま、民間銀行の短期信用債権額を当該時期の米国輸出額と比較しますと、一九四五年から五三年にかけては、六%から九%であり、一九五四年になりようやく一二%程度に上昇しているにすぎません。戦前期においては、この比率は、一九三一年に五〇%もあり、一九三八年でも二〇%であったことを思いますと、戦後段階の民間商業銀行による貿易金融の低調さは明らかでした。それではなぜこうした事態が起こってしまったのでしょうか。その第一の要因は、戦後世界経済における対外援助を中心とした政府介入金融の大きさにありました。例えば、一九四八年から始まり五二年にかけて行われた一三一億ドルにも上るマーシャル援助に象徴的に表われているように、これら膨大なドル資金は、米国の輸出に大きな役割を果たしたのですが、これらは民間の商業銀行の信用に依存するものではなく、ワシントン輸出入銀行という公的金融機関として働いたのです。

第二に、この時期の米国商業銀行は、その他諸国の商業銀行と比べて、海外展開がきわめて脆弱でした。一九五四年時点で、世界の主要銀行の数は、一二四八あったといわれますが、そのうち米国の銀行の占める数はわずか一一二にすぎませんでした。最大の銀行在外支店数を誇るのは、イギリスであり五〇〇行を数え、フランス、オランダなどの大陸ヨーロッパ諸国が総計三七六行を数えたのでした。もちろん、商業銀行の在外支店数がそのまま銀行の国際業務活動の指標とはいえません。しかしながら、以上の事実からは、イギリスがこの時期、大英帝国の威信にかけて国際物資の流通サービスに支配的な役割を果たしていたことが示唆されます。

もちろん、米国商業銀行がいつまでも、国際業務に消極的であったわけではありません。その対外債権残高を追ってみると、一九五〇年代後半から、その増加率の上昇に注目しなければなりません。既述のように一九五三年まで一〇億ドル足らずであった米国商業銀行対外短期債権は、一九五五年には一五億四九〇〇万ドルに上昇し、五年後の一九六〇年には約五倍の七七億三五〇〇万ドルを記録したのでした。対外債権残高を短期長期含んで示すと、一九五五年に二二億二〇〇万ドルを記録した後、一九六〇年には五三億一二〇〇万ドルとなり、一九六五年には、一二二億四五〇〇万ドルと急上昇を示したのでした。この時期の米国商業銀行の貸付は、本店からの国際貸付が中心となり、これによってニューヨークの国際金融市場の世界経済に果たす役割は、絶大なものになることが予想されたのでした。

一九六五年の時点における米国商業銀行の対外短期債権のタイプ別貸付を検討してみましょう。まず、外国銀行及びその他の事業会社に対する直接的貸付が注目されますが、公的機関への貸付を含めると二九億七〇〇〇万ドルを記録しています。第二が、外国銀行とのアクセプタンス、すなわち既述の手形引受信用です。貿易によって発生するドル手形は、米国商業銀行の引き受けによって信用度が高まります。こうして、米国商業銀行は、二五億八〇〇万ドルの手形引受を行い戦後の貿易金融の活発化に貢献したのでした。第三が手形、為替、証券類に関して外国取引銀行に対する取立サービスの供与であり、一二億七二〇〇万ドルを記録しました。

これら商業銀行による短期貸付の多くが、外国銀行に対してなされていることは、注目されてよいでしょう。なぜなら、アメリカの商業銀行が、まさに世界の銀行としての役割を果たし始めたことを示しているからにほかなりません。こうして一九五〇年代後半から六〇年代にかけて米国商業銀行は、国際金融上重要な役割を担うに至りましたが、長期国際貸付についてもそう金額は多くはありませんが、貸付額の上昇がひきおこされました。

米国は、既述のように第一次世界大戦を契機に債務国から一気に債権国へと成り上がったのですが、世界経済の覇権をイギリスから奪い、多角的貿易システムを、米国商業銀行を基軸に作り上げることに成功します。その背景には、資本集約的な輸出に活路を見つける米国巨大企業があったことを忘れてはなりません。第二次世界大戦中、戦後の国際通貨基金構想で積極的役割を果たした米国財務長官ヘンリー・モーゲンソー、ローズヴェルト大統領は、彼を「死体置き場のヘンリー」(Henry the Morgue) と綽名《あだな》したそうですが、輸出を刺激するシステムとしてのブレトンウッズ協定を強調しました。もし、ブレトンウッズ協定が成立したら、世界貿易は為替制限や為替切り下げ競争から自由になり、米国自動車産業は、年間一〇〇万台以上の輸出市場を常時確保できることになるだろう、また、国際通貨基金と世界銀行は、米国労働者に五〇〇万人もの就業機会を提供することになるだろうと述べたのでした。それが真実だったかどうかは別として、戦後の国際通貨・通商システムが、輸出に利害を有する大企業グループによって推進されたことは歴史的事実なのです。

3　米国企業は、いかにして多国籍企業となったのか

ドルを基軸とする多角的貿易決済システムは、米国を中心とするケインズ的世界経済を作り出すことを企図しました。それをマクロレベルあるいは企業レベルにひきつけて理解するとどのようなことが指摘できるのでしょうか。

まず、ケインズ的世界経済においては、各国経済の価格水準は、基本的に安定していなければなりません。なぜなら、ケインズの経済学は、物価水準は一定であるという条件の下で構築されていましたし、そうした世界において有効需要政策を採用し完全雇用が目指されたからにほかなりません。しかし、現実の世界においてそんな事態が存在したことがあったのでしょうか。第二次世界大戦前の一九三〇年代、つまりケインズの『雇用・利子および貨幣の一般理論』が書かれた時代の世界経済は、デフレつまり物価は低下の傾向にありました。第二次世界大戦後の米国経済においては、戦後のインフレ期を除き一九五五年から六五年にかけてはマクロ的に見て比較的物価は安定していました（Alfred S. Eichner, *The Macro–dynamics of Advanced Market Economies*, M. E. Sharpe, Armonk, New York, 1991, p. 399, Exhibit 6.16を参照）。もちろん、一九五〇年代後半の時期には、管理価格の性格をもつ諸製品の物価上昇が話題となりましたが、これは、寡占企業の市場支配力によって引き起こされたものであって、決して需要増大に供給が追いつかないというところから引き起こされた物価上昇ではありませんでした。

こうした事実は、一九五五年から五七年にかけての米国主要産業部門の生産能力と生産高上昇率を比較検討すると容易に理解できます。例えば、自動車部門は、生産能力を一五・一%上昇させていたにも関らず、この時期に逆に生産高は一五・七%低下したのでした。非電気機械は、二〇・四%の生産能力の上昇でしたが、生産高は一一・九%の上昇にしか過ぎませんでしたし、電気機械は、一八・六%の生産能力の上昇に対し九・八%の生産高の上昇でした。全製造業において、生産能力の上昇率は、一二・三%でしたが、生産高の上昇率は五・〇%という低率でした(Charles L. Shultz, *Recent Inflation in the United States* (Study Paper No. 1), U. S. G. P. O., Washington, D. C., 1959, p. 101)。

この世界経済における巨大寡占企業群は、競争市場によって価格が決定され、その価格をただ受け取るプライス・テイカーとしての役割しか果たせない競争企業ではありません。その産業の筆頭格の企業がプライス・リーダーとなり、標準生産量と目標利潤率に基づき価格を設定し、寡占市場において売上高を価格競争ではなく価格以外の要素、例えば他社とは違った製品であることを、広告を通じて消費者に知らせるなどして伸ばそうとする寡占企業なのです。基本的な需給調整は、操業度を上昇させたり、減少させたりすることによる数量調整を基本に行う仕組みになっており、市場拡大が企業目的になるのは、操業度ならびに販売製品量の上昇によって目標利潤率を超える利潤獲得が可能となるからにほかなりません。

ケインズ的世界経済において進んだ米国企業の海外進出

ところで、米国企業の多国籍企業化が急速に進んだのは、まさしくこの戦後ケインズ的世界経済の形成の時期とほぼ重なっています。一九五〇年から六〇年の一一年間における米国直接投資のフローの増加率は、一七二・八％と高率であり、一九五〇年代が戦後米国直接投資の急増の時期であることは間違いありません。この急増を地域別に検討すると、一九五〇年から五七年までの八年間はカナダ、ラテンアメリカ中心の投資、五八年から六〇年の三年間は、ヨーロッパ中心の投資と画然と区分することができます。一九五七年から五八年にかけて米国では戦後初めての鋭い経済恐慌を経験しますが、その後、米国からの直接投資は、多くがヨーロッパに向かって行われたのでした。一九五八年から六〇年の三年間に米国から直接投資フローの実に四六・二％を西ヨーロッパが占めたのでした（N. S. Fatemi et al., *The Dollar Crisis : The United States Balance of Payments and Dollar Stability*, Fairleigh Dickinson University Press, 1963, pp. 152–3 ; Samuel Pizer and Frederick Cutler, "Expansion in U. S. Investment Abroad," *Survey of Current Business*, Vol. 42, No. 8, August 1962, p. 20)。一九六〇年代のケインズ的世界経済においても引き続き米国企業の直接投資は、ヨーロッパを中心として行われました。

さてそれでは、この時期に急激にヨーロッパに展開した米国企業の直接投資は、どのような経済論理によって展開されたのでしょうか。

この時期の米国企業の直接投資が、輸出比率の高い、しかも寡占的市場構造を有する産業企業において展開された事実をここで指摘しておくこととしましょう。国際的寡占間競争論の視角から多国籍企業論を論じたスティーブン・ハイマーは、その点について次のように述べています。「対外事業活動の起こる産業は、国際貿易が以前から重要であったかあるいは現在重要な意味を持っている産業に多い。対外事業活動は、しばしば〔相手国への〕輸出品に代替するためか、または〔自国への〕輸入品を生産するために開始された」（スティーブン・ハイマー著、宮崎義一訳『多国籍企業論』岩波書店、一九七九年、六三ページ）。

スティーブン・ハイマーは、カナダは、モントリオールにある名門マッギル大学を卒業しました。彼は、米国MITの大学院で、従来の資本輸出論を批判し、寡占間競争論という産業組織論的視角から独創的博士論文を書きました。その論文は、指導教授のチャールズ・キンドルバーガーの推薦によってMIT出版局から公刊される候補に上がったものの、選考委員のひとりの反対によって、MIT出版局から生前論文を出版することができませんでした。ハイマーは、今では多国籍企業の先駆的研究者として大変有名ですが、残念なことに一九七四年交通事故にあい不慮の死を遂げるという劇的な人生を送りました。彼によれば、企業の対外事業活動は、相手国への輸出に代わるものとして現地で生産し現地で販売することを目的に生じるか、あるいは、相手国で生産し自国に製品を輸入によって持ち帰る目的で生じるか、どちらかだというわけです。私は、この時期の米国企業の対外事業活動は、ハイマーの言う前者の事情で生じたと考えるべきだと思います。

ここで私たちは、この直接投資が巨大寡占企業の投資活動の一環であるという事情を忘れてはならないのです。この時期に米国巨大寡占企業はどのような投資決定を行うかについて、詳細に研究を進めたアイクナーは、その投資決定は、企業売上高の期待成長率に大きく依存すると述べます。なぜなら、巨大企業の経営陣は、当時投資を考えるにあたって、予想外の需要増大をも満たすことが可能な一定の過剰生産能力を保有しようと努めるからであるといいます。さもなければ、会社の市場占有率を危険にさらすことになるのであって、巨大企業の経営陣は、産出高が設備能力の限界に到達しないうちに、自社の工場と設備を増加させる行動に出るというのです。

アイクナーは、こういいます。「〔総投資中の〕大部分の投資は、——（中略）——もっぱら新しい工場および設備に対する支出ばかりからなっており、当該巨大企業に、そのさまざまな製品に対してどんな需要が生じそうに思われても、それに応じるだけの十分な〔生産〕能力を用意しておくことに向けられている。巨大企業は、この点が保証されていてはじめて、それが活動しているどの市場であれ、そこでのその歴史的〔に形成された市場〕占拠率を維持することを期待できるのである。このタイプの投資にとっては、その基軸的決定要因は、産業〔の製品〕売上高の期待成長率である」（A・S・アイクナー著、川口弘監訳『巨大企業と寡占』日本経済評論社、一九八三年、二八九—九〇ページ）。

それでは、米国巨大企業は、なぜ自国ばかりでなく海外へ投資を行うのでしょうか。アイクナーの議論を海外投資の論理に適用しますと、ここで私たちは、企業の投資需要を決定する要因として、国内市場の企業製品売上高期待成長率と海外投資先売上高期待成長率を考察し、後者が前者を上回る場合、企業は積極的に海外投資を展開するという仮説を立てることができるでしょう。しかもこの仮説は、かなりの確度をもって実証されているといえるのです。この点について、ハリー・ロビンソンという研究者がかつて行った企業調査を手がかりに調べてみることにしましょう。

米国企業がヨーロッパに進出したのはなぜ？

一九五六年から六一年にかけて積極的に海外直接投資を行った企業の所属する産業を調べると、化学および化学製品、電気機械および技術装置、輸送機器、金属製品、機械、食品加工の六産業があがってきます。ここで注目しなければならないのは、これら産業がいずれもこの時期の米国製品輸出の中軸的産業であることです。これら産業の、一九五六年から六一年における対ヨーロッパ進出を図った一二〇件のうち回答のあった一一七件についてその企業動機を多い順に並べてみると、外国新市場への浸透六八件、近隣市場への輸出拠点六二件、比較的高利潤が望めること五七件、熟練労働の入手可能性五五件、関税障壁・外国為替制限を乗り越えて販売を維持四四件、低賃金コスト四〇件、経営管理要員の入手可能性三七件、銀行の便宜三五件、そして競争企業の機先を制すること三〇件となります（Harry J. Robinson, *The Motivation and Flow of Private Foreign Investment* (Investment Series 4), International Development Center, Stanford Research

Institute, Menlo Park, California, 1961, p. 25 table IX)。

ここで明らかなのは、これら進出企業が、直接投資によってヨーロッパ市場での製品シェアを拡大し、確実に利潤をあげることを目指しているということなのです。外国新市場への浸透、近隣市場への輸出拠点、関税障壁を乗り越えて販売という項目が上位に並ぶのは、進出企業がヨーロッパ市場の拡大、すなわち需要要因に大きく期待をかけているということを示すものでしょう。海外投資先売上高期待成長率の高さに期待を寄せているといってもいいわけです。それと同時に熟練労働、低賃金労働、経営管理要員、銀行の便宜など供給サイドの要因も無視はできませんが、この時期の米国企業は、ヨーロッパ市場を目指して競争企業の機先を制すべく、こぞって直接投資を展開したのでした。

ところで、こうした企業は、いずれも輸出志向の企業であり、戦後も操業度を上昇させコストダウンを図り、製品販売の輸出比率を高めたことはよく知られている事実です。こうした輸出志向の企業が、中長期的戦略として、なぜあえて輸出市場を直接投資によって確保しようとしたのでしょうか。といいますのは、直接投資による企業活動には、外国企業として現地企業に比較すると経営上さまざまな不利な条件がつきまといますから、そんなことをするよりは従来の輸出戦略をさらに継続すればいいのではないかと思われるからにほかなりません。次にこの点について考察を進めることにしましょう。

ハイマーは、外国企業が現地企業に比べて不利になる事実を指摘します。まず、現地企業は、当然のことながら、その国の事情について外国企業よりたやすく情報を得ることができるといいます。その国の経済、言語、法律、政治などの情報について、外国企業は現地企業に比較してたとえ進出時の一時的な固定費だとしても、かなりの費用を覚悟しなければなりません。固定費とは、生産あるいは販売量にかかわらず掛かる一定の費用のことをいいます。遠隔地に営業拠点を設けることによって、連絡費用、交通費用も現地企業に比較して外国企業には多く掛かることでしょう。また、より恒久的なものとして、現地政府、消費者、そして供給者による外国企業差別が存在する場合、現地企業に対して外国企業の立地上の不利は、あまりにも明確でしょう。現地政府による外国企業への活動制限、あるいは外国企業資産の国家収用などが起これば、企業が直接投資を躊躇することになるのは当然でしょう。

外国企業は、現地政府の規制ばかりではありません。その母国の法律によって活動制限を受ける場合もあるのです。今では考えられないことですが、かつて、カナダに進出したフォード社、カナダ・フォードは、米国務省によって、生産した自動車を中国へ輸出することが禁じられました。そして、外国企業が現地企業と比較して不利な最大の障害は、為替リスクなのです。とりわけ進出先現地国の通貨価値の下落は、外国企業の収益をその企業の母国の通貨価値で換算しますと低下させてしまいます（ハイマー、前掲訳書、二九―三二ページ）。こうした要因が大きくなれば、企業の多国籍化が阻まれることになるのは明らかでしょう。

しかし、私はこうした企業の多国籍化を阻止する要因は、通貨価値の変動などを除きますと基本的には低下の傾向にあるといってよいと思います。とりわけ、戦後の交通通信革命は、世界市場を著しく国内市場と同じレベルに近づけたといえますし、そうした意味では、現地企業の外国企業に対する優位性は、だんだんと縮小していったことになります。

しかしながら、ここで注意しなければならないのは、海外事業展開を決断するのは、産業ではなく個別企業であるということです。したがって、一般的に企業の多国籍化の阻止要因が低下してきたとしても、企業が海外事業展開をするには、その企業独自の競争上の優位性がなければ不可能なのです。

企業の競争上の優位性とは、大きく三つの側面から捉えることができるでしょう。その第一は、企業が他の企業よりも低コストで生産要素を手に入れることができることです。原材料や賃金が他企業より有利な条件で確保できれば、他企業より一歩先んじることが可能となります。第二が、生産に直接に関係することです。他企業に先んじて、より効率的な生産方法や新しい製品を作る技術を有していれば、他企業との競争に勝ち抜く有利な条件になるのは間違いありません。そして第三に、企業が販売の面で他企業を圧倒する有利な側面があるかどうかなのです。商品の販売は、企業にとって「命がけの飛躍」です。これに失敗すれば、元も子もなくしてしまいます。したがって、企業の直接投資は、個別企業が、外国の個別の産業に投資することによって、本国から輸出によって獲得できる以上に高率の利潤を確保できるという個別企業に備わった競争上の優位性がなければ決して起こることはないのです。

既述のように、私たちは、この時期になぜ企業は海外投資を行うのかについて検討し、本国市場での製品売上期待成長率よりも海外投資先製品売上期待成長率の方が高い場合に企業は直接投資を行うという仮説を立てましたが、そうした企業の海外投資には、以上述べた直接投資を阻止する一般的条件の傾向的低下や個別企業の競争上の優位性が必要になるというわけなのです。

ところで、この時期の米国企業のヨーロッパ進出を決定づけた要因として、本国市場での製品売上高成長率よりも海外におけるその成長率が高いことが、決定的に重要だったことは、イギリスのレディング学派の泰斗、ジョン・ダニングによる米国海外直接投資の決定要因の調査によっても確認できます。米国企業のヨーロッパ直接投資という点から見ますと、まず、ヨーロッパ市場の規模ならびにその成長率の高さが米国企業のヨーロッパ進出とその企業規模拡大の要因となりました。戦後世界経済の復興、ヨーロッパ経済の立ち直りとEEC（European Economic Community）成立によるヨーロッパ市場の拡大は、現地生産・現地販売による米国寡占企業の世界的な市場シェア維持の重要な条件となったのでした。

また、ヨーロッパ市場を輸出によってではなく、直接投資による企業進出と現地生産・現地販売によって確保するのに貢献した要因として、貿易障壁、とりわけ関税と非関税障壁があげられます。EECの成立によって、共通関税が設定されれば、米国からの輸出がしにくくなることは明らかですから、ヨーロッパを輸出市場としてきた米国企業はこぞってヨーロッパへの直接投資による進出を図ったといえましょう。一九六一年に米国大統領となったJ・F・ケネディがEE

C成立による共通関税の設定に直面し、米国企業の輸出市場の喪失の危険性を察知した事実はよく知られていますし、既述のように米国企業のヨーロッパ進出は急激に進んだのでした。

ここで、戦後世界貿易の趨勢を把握し、米国企業がなぜ国際的寡占市場シェア維持・拡大ということに真剣に取り組まなければならなくなったかの事情について述べてみましょう。

戦後世界貿易は、世界経済の復興とともに急増しました。世界輸出額は、一九五三年に七五三億ドルに達しましたが、それは一九三八年と比較すると約三・三倍もの急増でした。その後も世界の貿易拡大は頓挫することなく増加を続け、一九六一年には一二六一億ドル、六五年には一八四一億ドルとなったのです（GATT, *International Trade, Contracting Parties to the GATT*, Geneva, 1959, 67の各号関係箇所を参照）。しかしながら、そうした急増する世界の貿易輸出額に対して世界に占める米国の貿易輸出額の相対的地位は、一九四八年に二三・五％を示した後、世界経済の復興とともに低下し、六一年には一七・〇％にまで落ち込んでしまったのでした（N. S. Fatemi et. al., *The Dollar Crisis : The United States Balance of Payments and Dollar Stability*, Fairleigh Dickinson University Press, 1963, p. 54 table 19）。

こうした傾向は、戦後世界経済において各国のケインズ主義的有効需要政策の下で工業生産が回復し、貿易が活発になったことを示すものでした。一九五三年から六〇年にかけてEEC諸国は七六％も工業産出高を増加させましたし、日本もおなじ時期一八〇％もの増加を示したからでした。それに対し米国は、一七％の工業生産高の伸びに過ぎませんでした（United Nations,

Statistical Yearbook, New York and Geneva, 1961. pp. 66, 72, 73参照)。

戦争直後の米国企業、とりわけ輸出指向の企業は、世界市場における圧倒的支配の下で、多くの収益を上げることが可能でした。例えば、米国自動車生産高は、一九五六年に世界の乗用車生産の実に六四・二%を占めたのでした。ところが、世界市場の復興とともにヨーロッパ企業、日本企業の世界市場への登場によって、国際的寡占市場シェアにおける米国企業の相対的地位はじょじょに後退することになってしまったのです。米国企業の技術革新的投資は、資本量の増大とともに固定費用の上昇をもたらし、販売数量が増加しなければ、価格が一定の下では、利幅は逓減し、利潤率は低下します。

こうして、輸出指向企業は、今まで以上に輸出を増加させなければなりませんでしたが、同時に市場成長率の高い地域への直接投資を積極的に展開する戦略をとったのです。市場成長率が高い地域において、市場占有率を低くしておくと、市場規模が現在大きい地域で圧倒的な占有率を誇っていたとしても、いつかは、かならず市場成長率の高い地域の市場規模が大きくなり、その地域で大きな占有率を有する企業に負けてしまいます。したがって、企業は、現在はたとえ市場規模が小さくとも、将来大きくなることが確実な地域へ積極的に投資を行い、現地生産・現地販売によって、市場占有率を高める必要があるのです。

米国企業がラテンアメリカに進出したのはなぜ？

米国寡占企業が、第二次世界大戦後、市場成長率の高いヨーロッパ市場を中心に多国籍化を展開したのは以上の理由でしたが、この時期、米国寡占企業がラテンアメリカへ多国籍化を図ったのは、同じ理由で説明ができるのでしょうか。

米国企業は、第二次世界大戦前からラテンアメリカ市場とは深いつながりを持っていました。これらの直接投資は、部門別にみると、農業、鉱業、運輸、通信、公益事業が多く、戦後に中心的地位に上昇する製造業は、全体の高々六・六％にしか過ぎませんでした。ラテンアメリカ市場は、ヨーロッパ市場と比べるとその規模ははなはだ小さく、またその成長率もヨーロッパのようにきわめて高いというものでもありませんでした。しかしながら、第二次世界大戦後、米国製造業のラテンアメリカ進出は急増し、企業数だけを見ても一九五〇年から六六年にかけて、米国関連企業数は、七〇〇〇から二万三〇〇〇へと約三倍に増加し、同じ時期に一八七の米国主要多国籍企業の関連会社は六五〇、約三・五倍に増加したのでした。こうした事態はなぜ引き起こされたのでしょうか。

その疑問に答えるには、ラテンアメリカ諸国において採られた独特の輸入代替工業化戦略に触れなければなりません。輸入代替工業化戦略とは、工業化の遅れた後進国が、先進工業国に追いつくための工業化戦略で、従来、輸入に依存していた工業製品を自前で代替すべく高率保護関税を課し、国内産業の発展を鼓舞する政策のことを言います。一九世紀後半の米国もこの戦略によって、輸入代替に成功しただけではなく、逆に工業製品を輸出するまでになり、世界経済の中心国になったのはよく知られた歴史的事実なのです。この時期のラテンアメリカにおける輸入代替工業化戦略は、ラウル・プレビッシュによるところが大きかったのですが、彼は、「第一次産品価格の安定化、工業化政策への保護、ラテンアメリカ諸国による共同市場の形成」などを主張しました。しかも、彼は、そこで外国企業による輸入代替工業化への貢献を高く評価したのでした(Raul Prebisch, "International Trade and Payments in an Era of Coexistence : Commercial Policy in the Underdeveloped Countries," *American Economic Review*, Vol. 49, No. 2, May 1959参照)。

この時期の米国企業のラテンアメリカ進出は、外国企業の積極的役割を強調した輸入代替工業化政策を最大限利用しながら展開したという点に歴史的特徴があったということができましょう。ここでは、ブラジルにおける自動車産業の例をひきながら、ヨーロッパ進出とは異なる経済論理によって展開された米国多国籍企業のラテンアメリカ進出を見てみることにしましょう。

米国自動車メーカーがブラジルに進出したのは、自動車市場の成長率が高いという理由ではありません。一九六五年にブラジルの自動車生産は、すべて欧米自動車メーカーによって行われたのですが、一七万六五〇〇台にしか過ぎません。ラテンアメリカ全体をとっても五二万七〇〇〇台という小さな数値でした。同じ時期、北米においては、一一九六万一〇〇〇台、ヨーロッパにおいては、八三九万二〇〇〇台でしたから、ラテンアメリカにおける自動車生産台数はきわめて小さかったといわざるを得ません。しかしながら、ブラジル経済への輸入代替という点からみれば、米国多国籍企業による自動車生産には大きな意義があったといえましょう。なぜなら、外国企業による自動車生産の急増は、自動車の国内需要に応えたのであって、その結果ブラジルの自動車輸入は激減し、自動車の国内自給体制が成立したからにほかなりません。こうしたブラジルの輸入代替に積極的に貢献した米国自動車メーカーは、少ない生産台数の中で利益をあげることができたのでしょうか。

まず、ブラジルにおける自動車生産は、極めて高い生産費がかかるなかで行われたという事実から出発しなければなりません。モアーによる軽量トラックの生産費比較によりますと、ブラジルにおける生産費は、一九六七年、一台当たり二九九六ドルであり、同時期、米国における生産費は、一六六〇ドルだったのです。ブラジルでは、米国の八〇%も上回る生産費がかかっていたのです（R. M. Moore, *Multinational Corporations and the Regionalization of the Latin American Automobile Industry*, Arno Press, New York, 1980, p. 53）。

この生産費高の第一の要因は、大規模生産による生産費の逓減を実現できないほど企業の生産量が少ないことにありました。自動車産業は、固定費比率の高い産業です。したがって、生産量の増大とともに一台あたりの生産費は逓減するのですが、その費用曲線がほぼ水平となるには、少なくとも一〇万台以上の生産台数が必要になります。ブラジルの場合、一企業あたりの生産台数は、五万台を超えることはありません。したがって、自動車生産の生産費は、高止まりとなったのです。

　また、生産費が高くなった第二の要因は、現地調達の比率が非常に高く、部品供給システムが自動車生産費を押し上げたという事情を考慮しなければなりません。自動車にかかわる自給システムを目的とする輸入代替化戦略は、部品輸入を規制し、国内部品業者に生産増加のインセンティブを与えました。このため国内部品業者数は急増し、一九六〇年代には、ほぼ一五〇〇社を数え、従業員数も一五万人となりました。こうした国内における部品業者の多くは、しかし、低価格での部品を供給することができませんでした。組み立て加工に比較すると部品業者はまちまちであって、小規模な零細業から大規模業者まで、また自動車部品専業者から片手間に部品製造を行う業者まで、種々雑多な構成だったのです。ブラジルの現地調達比率は、九九％にも達し、この事実は、自動車生産の部品費の高止まりの大きな要因となりました。

　こうした生産費の悪条件は、ブラジル進出の欧米多国籍自動車資本に経営危機をもたらしたのでしょうか。もちろん、そうではありません。だからこそ彼らは、ブラジルにおいて自動車生産を続行したのでした。この生産続行の秘密は、輸入代替工業化戦略そのものにありました。高率保護関税が、外国からの低廉な自動車やその部品の輸入を阻止し、米国自動車メーカーは、国際競争から隔絶されたラテンアメリカ価格によって製品を販売し、利益を十分にあげることができたからなのです。こうした事態は、米国多国籍企業の利益送金と資本受入国への資本流入の大小関係をみると、ラテンアメリカの場合、利益送金がはなはだ大きかったことに現われています。保護関税に守られて米国自動車メーカーは、ブラジルを初め多くのラテンアメリカ諸国で十分利益をあげることができ、本国にその収益の多くを持ち帰っていたと推測することができるのです。

それに対して、西ヨーロッパの場合、資本流入に対して利益送金が小さく、米国多国籍企業は、現地での利益の再投資を積極的に行っていたことが明らかになります。国際競争がまさに劇的に展開したヨーロッパ市場では、利益の再投資が大きく、米国多国籍企業が本国へ利益を送金する余裕がなかったことを示しているといえます（詳細は、U. S. Congress, Senate, Committee on Foreign Relations, Report to the Subcommittee on Multinational Corporations, *Multinational Corporations in Brazil and Mexico : Structural Sources of Economic and Non-economic Power*, U. S. G. P. O., Washington., D. C., 1975, pp. 160–6）。

Ⅱ　現代グローバリズムは、どのように形成されたのか

1　外国為替システムはなぜ変動相場制になったのか

金ドル交換停止はなぜひきおこされたのか

一九七一年八月一五日、世界は、米国大統領ニクソンの発表に愕然としました。米国が、一九四四年のブレトンウッズ協定によって各国通貨当局に約束してきた、金一トロイオンス＝三五ドルの交換を停止するとしたからでした。八月一三日金曜日、ニクソン大統領は、主要閣僚を伴って、メリーランド州にある大統領の山荘、キャンプ・デービッドに向かいました。この山荘は、ホワイトハウスから七〇マイルほど離れた山の中にあります。フランクリン・Ｄ・ローズヴェルトがワシントンＤ・Ｃ・の夏の暑さから抜け出す避暑地の山荘として、一九四二年に建設されました。戦時中、ローズヴェルトが連合国のヨーロッパ侵攻作戦をイギリス首相チャーチルと練った場所でもあります。そのほか、現在に至るまで、米国大統領が様々な決断を世界に向かって行

った山荘でもあるのです。この金ドル交換停止は、時の財務長官ジョーン・コナリーのリードによって行われましたが、日本におけるその衝撃の大きさは、ニクソン・ショックとして語り伝えられています。

もちろん、この金ドル交換停止は、ニクソン大統領がそのとき発表した経済政策のひとつにすぎません。そのほか、ニクソンは、一時的に一〇％の輸入課徴金を課すと発表しましたし、国内では、九〇日間の賃金・物価・賃料の凍結、一〇％の新設備投資への税額控除、個人所得税減税の繰上げ実施、連邦自動車消費税の廃止による減税を打ち出しました。また、四七億ドルもの連邦財政支出の削減も提起されたのでした。この政策は、インフレ気味の経済停滞を払拭し、貿易赤字の解消を図るものといわれました。しかも、政治的には、困難な経済状況を克服し、翌年の大統領選挙を有利に進めようとする現職大統領ニクソンの思惑があったことは否めません。その点では、成功裏に終わった経済政策の発表と実施であったといえましょう。なぜなら、この新経済政策によって七三年一月一〇日まで、経済成長率、消費者物価上昇率、失業率、いずれの指標も好成績を収め、七二年大統領選挙では、現職ニクソンの地すべり的勝利となったからでした。

ところで、世界経済に衝撃を与えた金ドル交換停止は、なぜ実施されたのでしょうか。それは、一九五七年ごろからのドル危機がいっこうに改善されず、米国の金保有額が金ドル交換を実施できない額にまで落ち込んだことにありました。

ここで、第二次世界大戦後、米国の国際収支の特徴についてお話することにしましょう。既に前章で説明したように、国際収支は、経常収支が重要な項目で、経常収支の黒字は、自動的に資本収支の赤字となり、それを継続していくと、債務国であってもいつかは債権国になると申しました。また、米国は、第一次世界大戦を通じて債権国となった事情も説明しました。第二次世界大戦後になるとその国際収支にどのような変化が現われたというのでしょうか。第二次世界大戦後、米国の経常収支は、一九七〇年代まで、基本的には黒字でした。特に一九六〇年代は、継続して黒字の状況が続きます。つまり、米国は対外的に債権を積み重ね、債権国化の途をひた走りに走っていたことになります。

しかし、それではなぜドル危機などということが起こったのでしょうか。それは一言で言いますと、米国が経常収支の黒字をはるかに超えて、外国に貸付を行ったからでした。第Ⅰ章で述べましたように、経常収支の黒字は、銀行につみあがった貯金みたいなものですから、自動的に資本収支は赤字、つまり外国に貸付を行うことになるのですが、戦後の米国は、その貯蓄額を超える貸付を行い続けたのでした。それは米国企業の対外進出が急速に進行し、対外直接投資が積極的に行われたことを意味しました。しかし、自らの貯蓄額を超えた金額は、外国から借入をしなければなりません。もちろん、米国は基軸通貨国ですからそれを米ドルで借入可能ですが、その結果、諸外国に米国に対する対外短期債権が蓄積されることになったのです。

これも既に前章で述べたことですが、戦後の通貨体制において基軸的役割を果したＩＭＦにおいては、金一オンス＝三五ドルという交換レートが各国の通貨当局と米国との間で採られていました。したがって、短期ドル債権を金に交換することを要求された場合、米国は、その要求を拒否することはできません。一九六〇年代においては、ドゴール体制下のフランスが積極的に金交換を要求し、米国の体制に揺さぶりをかけました。日本は、対米債権を金に交換することなく債権のまま所有していました。日本の大蔵省の説明は、債権だと利子がつくが金だとそうはいかないという理由でしたが、その後の金価格の高騰を考えるとフランスの行動のほうが賢かったといえましょう。日本は、一九六〇年六月二三日に発効した新安保条約の日米経済協力条項によってひたすらドルを支えたと言い換えてもいいかもしれません。こうした日本などの協力があったものの、米国は、金とドルとの交換によって金保有額を連続的に減少させていきました。

一九四九年に米国の金保有額は、二四五億六三〇〇万ドルもありましたが、金ドル交換停止が行われた一九七一年には、一〇一億三二〇〇万ドルという水準に落ち込んでしまいました。一九六一年末に既に米国の金保有額は、外国の短期債権額を下回り、自由金市場での金価格上昇が開始していましたから、早晩ドルの金との交換は停止されるか、ドル価値の減価がひきおこされるだろうことは、予想できたものでした。

しかしこの時期、ドルと金との交換が停止されたならば、国際通貨ドルの信認が問われ、ドルを基軸とする国際通貨システムが崩壊するのではないかとする考えがありました。ブレトンウッズ協定において、金一オンス＝三五ドルという交換レートは、ドルと金を結びつけ、それによってドルの国際通貨としての信認が得られているのだとする見解もありました。したがって、こうしたドル信認問題が顕在化するにつれ、この時期、ドルに代わる国際決済の手段としてSDRが議論され、実際に実施に移されたのです。

SDRは、Special Drawing Rights の略称ですが、特別引出権と呼ばれ、ドル危機の深化とともにIMFで正式に議論されることになりました。一九六八年三月一七日ストックホルムで開催されたIMF一〇カ国グループ会議において、SDRの創設に最終的決着が付けられ、一九七〇年一月一日に、最初のSDRの配分が三四億ドル、第二回が翌年の一月一日で三〇億ドル、第三回が七二年一月一日で、やはり三〇億ドルと、その配分は進みましたが、国際決済の準備資産として、その後着実に増加することはありませんでした。もちろん今日においても、SDRは存在し、一SDRを構成する各国通貨量は、国際的貿易ならびにファイナンスにおける相対的重要性に応じて決定されるとしています。米国ドル四四%、ユーロ三四%、日本円一一%、英ポンド一一%の比率であり、中央銀行による外貨準備としてSDRが使用されるのを単一世界通貨創設へのプレリュードとするエコノミストもいます。

国際通貨システム形成史研究で著名な研究家であったリチャード・ガードナーは、当時、SDRによる国際決済システムの出現を目の当たりにして、「ケインズは、ハリー・ホワイトに二五年後になってようやく勝利できたといえよう」(Richard N. Gardner, *Sterling–Dollar Diplomacy, The Origin and the Prospects of Our International Economic Order*, McGraw–Hill Book Company, New York Jan., 1969, p. xxv.) と述べていますが、これは、かつて、第二次世界大戦後の国際通貨体制創設にあたって、ケインズが提起したものの、米国のホワイトに拒絶された「国際清算同盟」がようやくIMFにおけるSDRとなって実現するのではないかとする期待をこめた言い方だったといえましょう。しかしなぜSDRは、ドルを基軸とする国際通貨システムに取って代わることができなかったのでしょうか。

ユーロカレンシー市場の発展

一九七一年八月一五日のニクソン大統領による金ドル交換停止は、ドルの切り下げを見込んでいました。財務長官コナリーによれば、その切り下げによって、外国貿易黒字を一三〇億ドル作り出し、米国の海外軍事費や海外投資資金を賄うことが目指されたといわれますが、ドルと金との関係を絶って、米国の政策担当者は、国際収支の状況にとらわれることなく自由に財政・金融政策による景気浮揚策が取れると思ったのです。この年の一二月にIMF一〇カ国グループによるスミソニアン協定では、ドルの金量引き下げとドイツ・マルクの一三・五八％ならびに日本円の一六・八八％の切り上げなどが決定されましたが、それはまだ固定相場制をあきらめず、各国のファンダメンタルズを反映した為替調整措置によって、戦後形成されたケインズ主義的な国際通貨システムの継続を図ろうとする努力を示しています。しかし、一九七三年になるとイタリア、スイスに次いで二月一二日に日本が為替フロート（変動為替相場制）に移行します。また、三月一一日には、EEC六カ国が共同フロートを宣言し、世界は固定相場制から変動相場制へと移行していくことになりました。

ここで私たちは、世界の為替システムが、なぜ固定相場制から変動相場制へと雪崩を打って変化していったのかを考えなければなりません。また、国際通貨ドルの信認問題があれほど議論され、国際決済の手段としてＳＤＲが創設されたにもかかわらず、ドルが依然として国際通貨システムの中心に居座り、その力を発揮しだしたのはなぜかを検討しなければならないのです。それを解く鍵は、変動相場制への移行とともに、米国の対外投資規制が全面的に撤廃され、ケインズが注意を呼びかけた資本の投機的移転や資本逃避に道を開く国際資本取引の自由化が急速に進展し始めたことです。

ここで注意しなければならないのは、固定相場制を維持しながら、国際資本取引の自由を実行することは、一国の金融政策の自立性を損ねることになり、経済政策上採用することが難しかったことをあげなければなりません。たとえば、多額の外国資本が一気に流入したとしましょう。当然その国の通貨の為替相場は急騰することになるでしょう。固定相場制を維持するには、通貨当局は積極的にその国の通貨を売り、相場の急騰を静めなければなりません。しかし、そのことで、通貨が過剰に市中に流れる危険性がありますから、この政策が一国の金融政策として妥当かどうかの判断は難しいのです。ではなぜそうした変動相場制という、固定相場制から離脱する通貨システムの大変革がこの時期に起こってしまったのでしょうか。

ここで私たちは、前章で述べた、戦後復興とともに実現されたケインズ主義的自由貿易システテ

ますので、ユーロ銀行の方針にしたがって貸付が行なわれることになるのです。

元はといえば、一九四〇年代末から五〇年代にかけて、貿易で稼いだドルの凍結を恐れたソ連と中国が米国外の銀行に預けたことが、このユーロダラーの始まりで、当時、ドル不足に悩む西側諸国の銀行が積極的に受け入れたことで拡大していったといわれます。一九六〇年代には、ロンドンを中心として、ユーロダラー市場が形成されますが、その後半からは、米国銀行のヨーロッパ進出が急速に展開され、米銀の在外支店がユーロダラーを扱うようになっていきます。

ここで注目しなければならないのは、一九七一年の金ドル交換停止以降、一九七三年の変動相場制への移行、そして国際的資本移動の自由という体制が確立するにつれ、ドルはユーロダラーとして、国際金融市場において重要な通貨として、いよいよますますその存在意義を増していくことになりました。一九七〇年代は、変動相場制下で、通貨トレーダーが通貨取引を通じて為替相場を決定していくという国際金融市場の発展が、シンガポール、ロンドン、バーレーン、ルクセンブルグ、バハマなどにおいて行われました。一九七四年から一九八〇年にかけて総額一五〇〇億ドルもの資金がＯＰＥＣ、すなわち石油輸出国機構からユーロ市場に流れ込み、国際的に活動を続ける銀行を通じてラテンアメリカ、アジア、アフリカの諸国に貸し付けられていったのでした（Jeffry A. Frieden, *Banking on the World, The Politics of American International Finance*, Harper & Row, Publishers, New York, 1987, pp. 79–88）。

こうした、ユーロカレンシー市場の米国外での活発な活動から、米国政府はついに、一九八一年、米国内において、国際金融ファシリティー（International Banking Facilities）の創設に踏み切ります。この国際金融ファシリティー、略称、ＩＢＦｓとは一体どのようなものなのでしょうか。このファシリティーは、なにか新しい銀行の物理的な施設を意味するわけではありません。このファシリティーは、米国の預金金融機関に外国居住者や機関に対し、金融サービスを提供することを認めたのでしたが、その金融サービスは、中央銀行預け金に資金を割く必要はなく、また、州あるいは地方所得税の免除がなされたのでした。ＩＢＦｓは、米国で事業を行っている金融機関にユーロカレンシー市場で事業を展開する金融機関と同様の条件を提供することによって、在米国金融機関に、より強い国際競争力を付けさせることを目的として開設されたといってよいでしょう。したがって、ＩＢＦｓは、ユーロダラー市場の一部とみなすことができます。

ユーロカレンシー事業の特徴として、インターバンク取引の比率が高いことがあげられますが、この国際金融ファシリティーにおいてもその比率が高く、ＩＢＦｓの創設によって、米国はドル中心の貸借関係を軸とする国際経済関係の樹立に本格的に乗り出してきたということができるでしょう。

ところでユーロ市場における貸付とはどのようなものなのでしょうか。ここでは、一九七三―四年の石油危機後、途上国貸付において注目されたシンジケートローンについて述べてみることにしましょう。ここでのユーロ・シンジケートローンとはどのような貸付を言うのでしょうか。

国内の金融市場ですと借り入れる側の企業担当者は、過去のいきさつもあって簡単に個々の銀行と折衝し、融資を受けることができますが、ユーロ市場は、かなり複雑で、借り入れる側にとって個々の銀行と折衝することが困難なのです。したがって、貸付側がシンジケートを組んで、借り入れ側と折衝することが自然の形態となるのです。有力銀行が幹事行（managing bank）となり、仲介的な業務をこなすのですが、小さい銀行もシンジケートに組み入れ、巨額な融資から生じるリスクもそのことによって分散することができるというわけです。

一九七〇年代に進んだこのユーロ・シンジケートローンは、ユーロ銀行が、石油価格の高騰を通じて集めた多額のオイルマネーを、主として非産油国の経済開発に役立てる資金として貸し付けられていきました。ユーロ市場は、本来短期市場でした。多国籍企業の運転資金、金利格差を利用して利益を得ようとする金利裁定資金、通貨当局の準備資金、オイルマネーなどがユーロ市場に流れ込んできたのですが、いずれも短期資金で、いつでも換金できる流動性の高い貸付先が必要とされるのです。この短期資金を長期の開発資金として活用する貸付手段が、ロール・オーバーという方法であったことは一般によく知られている事実です。つまり、短期で調達して普通六カ月ごとに更新して、短期で調達した資金を結果として長期で貸すことができるということになります。これをロール・オーバーといいます（詳しくは、奥田宏司著『多国籍銀行とユーロカレンシー市場―ドル体制の形成と展開―』同文館、一九八八年、二一四―二二三ページ参照）。

ユーロダラー市場の展開が、ドルの国際的利用を著しく増大させたことは明らかでした。国際貿易のみならず国際資本取引においてドルの必要を増加させたことは、世界経済においてドルの占める位置を上昇させたのです。国際金融でかつては経常取引が中心部分を占め、その取引の結果として資本取引が計上されており、国際資本取引、とりわけ資本の投機的取引は、厳しく規制されていました。こうしたシステムが、ケインズ的世界経済といわれるものだったのです。けれども、ユーロダラー市場を基軸に形成されつつあった世界では、国際資本取引が独自に展開し、したがって、その動きに世界の経済実体が規定されるという新たなシステムの幕開けとなったのです。

それでは、何ゆえこうしたシステムが、戦後のケインズ的世界経済の中から出現したのでしょうか。それを解く鍵は、戦後展開した米国多国籍企業の形成にあると私は考えます。米国多国籍企業・多国籍銀行が国民経済の枠組みを超えて資本活動を展開し、ドルを基軸に国際資本取引の自由を世界的に実現したものこそ、現代国際金融システムであり、あえて命名するならば、新自由主義的世界経済における国際金融システムということができるでしょう。こうした国際資本取引の自由に基づく経済システムが、経常取引の自由化と固定相場制というIMF・GATT体制と対立する側面を持ったのは明らかでした。現代の国際金融システムは、ノンシステムでもなければ、ただ単に国際協力によってドルを国際通貨とするシステムが形成されているというわけでもありません。米国多国籍企業活動がその国際展開にドルを必要とし、ドルを基軸とする世界経済システムが実質的に存在しているからこそ存在しているという歴史的重みを認識すべきなのです。

2　現代企業はどのように投資を行うのか

第二次世界大戦後、米国輸出企業は、積極的な技術革新的投資を行い、労働生産性を高め輸出拡大を図ってきました。また、第Ⅰ章第3節において述べたように、これら輸出企業は、国際的寡占企業であり、販売量を世界的に拡大する目的を持って、輸出と同時に直接投資を積極的に行う戦略をとり、市場成長率の著しいヨーロッパ地域へ向けて多国籍化を図り現地市場を現地生産によって確保する戦略を立て実行してきました。また、輸入代替化工業戦略をとるラテン・アメリカ諸国へも米国企業は多国籍化による進出を行い、保護貿易に守られながら十分利益をあげる経営活動を行ってきました。

しかしながら、時が経つにつれ、米国企業による海外直接投資の拡大は、本国親企業の技術革新的投資の相対的遅れをきたし、米国本国における実質賃金率の上昇とともに企業利潤率の低下が引き起こされるに至ります。インフレーションの深刻化は、ケインズ的世界経済の崩壊を意味し、米国企業の海外投資パターンにも変化が現われてきます。市場拡大を求め、市場規模の著しい地域への直接投資から、低賃金を活用し、企業利潤率の回復を図る戦略へと変化を始めることになります。本節では、こうした海外投資行動の変化を、より根源的に企業の投資活動という観点から把握し直し、検討してみることにしましょう。

企業の投資行動とは？

企業はどのようにして投資を行うのでしょうか。ここでいう投資とは、証券投資あるいは株式投資とは異なる実物投資であることに注意してください。例えば、自動車メーカーが、既存の生産プラントにもう一基のプラントを追加して設置するという投資行動であると理解すれば分かりやすいでしょう。

ケインズは、企業のこの投資行動について次のように述べました。「人が投資物件または資本資産を購入するとき、その資産の存続期間を通じて、それから生ずる産出物を販売して、その産出物を得るための当期の費用を差し引いた後に、獲得できると彼が期待する予想収益の系列に対する権利を買っているのである。この年金の系列 Q_1, Q_2, ……Q_n を便宜上投資物件の予想収益（prospective yield）と呼ぶことにする」（ケインズ著、前掲訳書、一三三ページ）。すなわち、件の自動車メーカーの経営者の立場を考えれば、彼が生産プラントをもう一基購入するとき、彼はその生産プラントの存続期間を通じて自動車を生産するのですが、その生産のための原材料費や賃金など所要の費用を差し引いてどれだけの利益が年々、収益として期待できるかを予想し、その生産プラントを買い入れるということなのです。ケインズは、その毎年獲得できる利益を「年金」と表現しています。

ここからわかるように、企業投資とは、利潤を生むと期待される生産過程で使用される資本資産への貨幣支出のことなのです。その資本資産への貨幣支出額、すなわち、資本資産の価格づけはどのようにして行われるのでしょうか。私たちの社会は、資本主義社会ですから、資本資産の取引は、当然市場において行われることになります。資本資産をめぐる需要と供給から取引がなされることになります。したがって、私たちは、この取引において二種類の資本資産の価格の存在を認めることになります。

第一は、この価格であれば支払ってもよいとする、需要者の頭の中にある価格ですが、それを私たちは、資本資産の需要価格と名づけましょう。第二は、逆にその資本資産を供給する業者が、この価格以下では売ろうとはしない価格ですが、私たちは、それを資本資産の供給価格と名づけましょう。したがって、資本資産市場での商談の成立は、資本資産の需要価格と供給価格が一致するところで行われることになります。もし、一致しなかったならばどうなるのでしょうか。そのときは、需要者と供給者の折り合いがつかなかったわけですから商談は成り立ちません。

資本資産ではありませんが、フーテンの寅さんが、神社の祭りの露天で売りに出すおもちゃを考えてください。周りで見ている人が需要者ですから彼らが需要価格をきめるのです。まあ二〇〇円くらいかなーと思っていると、供給者の寅さんは、「このおもちゃはそんじょそこらにでている安物とはわけが違う」などと威勢よく啖呵をきりながら五〇〇円でどうだと供給価格を設定します。供給価格が需要価格の二〇〇円をはるかに上回っているわけですから誰も買おうとする人はいません。そこで寅さん「なんだ、今日は貧乏人ばかりの集まりか。さあー、そんなら、どうだ、持ってけ泥棒、二〇〇円だ」と供給価格を下げるのです。そこで周りの人たちがようやくおもちゃを購入するというわけです。

ここで議論しているのは、おもちゃではなく、資本資産の生産プラントです。自動車メーカーの需要価格が二億円で、プラントメーカーの供給価格が五億円とすれば、商談は成り立ちません。まさか、寅さんのようにプラントメーカーが、持ってけ泥棒とばかりに、二億円に値下げをするとも考えられませんから、商談は成立せず、そういう場合は、自動車メーカーによる設備投資は行われることはないでしょう。つまり、資本資産の需要価格が供給価格を下回れば投資は行なわれず、投資が行なわれるには、資本資産の需要価格は、常に供給価格を上回らねばならないのです。

資本資産の需要価格はどのようにして決まるのか

企業家が購入しようとする資本資産は、ケインズが言ったように、将来にわたって収益を上げることが期待されています。

まず、一般的にいえることは、マクロ的に貨幣量が多くなれば、資本資産の需要価格は上昇することになるでしょう。なぜなら、貨幣量が多くなれば一般にインフレ気味の状況が引き起こされ、将来の利潤と同時に資本資産それ自体の価格も上昇することが期待できるからです。第二に、私たちは、資本資産が収益を上げると期待されるがゆえに価値を持つという基本的な認識が必要です。したがって、資本資産から生じる予想収益の上昇は、その需要価格を上昇させるでしょう。企業家が、その資本資産から増大する予想収益を期待するとすれば、彼が購入してもいいと判断する需要価格は上昇するに違いありません。自動車の売れ行きがよくて、将来的に生産プラントからの収益増が見込めるならば、自動車メーカーの経営者は、自動車生産のプラントに対してより多くの出費をしてもその増設を考えることでしょう。そして第三に、その多くの出費をしてもその増設を考える場合、その価格上昇はどこまでかといえば、おそらく、企業家は、金融資産投資から得ることのできる利回り、すなわち利子分は、少なくともその設備投資から得たいと考えるでしょうから、予想収益を金融資産の利子率で割った値が、資本資産の需要価格となるでしょう。したがって、利子率との関係でいえば、利子率が上昇すれば、資本資産価格の需要価格は低下するでしょうし、逆に低下すれば上昇することになるのです。

資本資産の供給価格はどのようにして決まるのか

ケインズは、資本資産の供給価格について次のように述べています。「投資物件の予想収益に対立するものとして、資本資産の供給価格（supply price）がある。これはその類型の資産を市場において現実に購入する際の市場価格を意味するのではなく、製造業者にその資産の付加的一単位を新しく生産させるのにちょうど十分な価格、すなわちときおり取換原価（replacement cost）と呼ばれるものを意味する」（ケインズ著、前掲訳書、一三三ページ）。つまり、付加的一単位のお値段、自動車を生産するプラント一単位の価格は、それを製造する業者の製造コスト、もちろんそれには業者の利益も含まれているわけですが、資本資産の再生産費用だというわけです。現実の市場価格は、もちろんこれを上回る場合もありますから、ケインズは、「現実に購入する際の市場価格を意味するのではなく」と述べたのです。そしてケインズは、その投資から生み出されると予想される収益と追加的一単位の資本資産を生産する原価、すなわち供給価格との関係を資本の限界効率（予想収益率）という考え方で結びつけたのでした。つまり、荒っぽくいいますと予想される収益を供給価格で割った値が限界効率になるわけです。

供給価格は、資本資産の原価だから既に与えられた価格なので予想される収益が大きければ、資本の限界効率は高くなりますし、予想される収益が小さければ、それは低くなります。

ケインズは、資本の限界効率を長期と短期に分けて、投資が進むにつれて逓減する資本の限界効率について論じています。「もし、ある期間内に一定の類型の資本に対して投資が増加するならば、その類型の資本の限界効率はそれへの投資が増加するにつれて低下するであろう。その理由は、一つには、その類型の資本の供給が増加するにつれて予想収益が低下するからであり、いま一つには、通常、その類型の資本を生産する設備への圧力がその供給価格を増加させるからである。これら二つの要因のうち、第二のものは通常短期における均衡を生み出す点においていっそう重要であるが、観察の期間が長くなればなるほど、第一の要因がそれに代わってますます重要となる」（ケインズ著、前掲訳書、一三四ページ）。つまりケインズは、投資が長期にわたって進ムを支える金融システムとは異質な国際金融システムがじょじょに形成されていった歴史的経過をたどって見なければなりません。リチャード・ガードナーが、「ケインズの勝利」などと暢気なことを言っている間に、実は、戦後のケインズ主義的貿易システムを崩壊に追いやるシステムの形成が行われてきた事実を見逃してはならないのです。それが、ユーロダラー市場の形成ですし、それが今日では、ユーロカレンシー市場として、国際資本移動の急速な展開が実現されるまでなっていることに注目しなければならないのです。

ユーロカレンシー市場などという聴き慣れない言葉は、一体何を意味するのでしょうか。その歴史的根源は、ユーロダラー市場の形成にありました。ユーロカレンシーとは、その国で使用されている国民通貨が、国境を越えて存在している事態を指していわれます。したがって、ユーロダラーとは、米国以外の地域に存在するドルということになります。もちろん、ユーロダラー市場といわれるように金融市場に存在しているのですから、より厳密に言えば、ユーロドルとは、米国外に所在する銀行が負っているドル建ての預金債務のことを言うのです。したがって、米国の銀行にあるドル預金をそのまんま米国外の銀行に預け替えたときに生じ、その預金を元手に貸し付けられる国際金融市場をユーロダラー市場といいます。もちろん、預け替えられたドル預金は、ユーロ銀行の資産として、同時に米国の銀行のそのユーロ銀行所有の預金として計上されていますので、ユーロドルが糸の切れた凧のように米国以外の国を徘徊するというわけではありません。しかし、ユーロ銀行に預け替えられたユーロダラーは、米国の金融当局の規制の外にありむと、資本量の増大に伴って予想収益が低下するので、資本の限界効率が低下するといい、短期では、投資が進むにつれ資本資産を生産する資本設備への圧力が高まり、その供給価格が上昇するがゆえに資本の限界効率が低下するとしています。この短期の場合は、資本規模は一定ですので、労働投入量や原材料投入量が増大しすぎますと効率が落ち、生産単価が上昇し、供給価格も上昇することになります。したがって、投資の限界効率の低下といったほうが正確な表現といえるでしょう

企業は投資をどのように決定するのか

ここで具体的な例をあげながら、企業がどのように投資決定をするのかについて考えてみましょう。

いま、投資を考える企業があり、その資本資産の期待される予想収益は四〇〇〇ドル、この時期の一般的な利子率は四％としますと、この資本資産の需要価格は、予想収益を利子率で割った値、一〇万ドルとなるでしょう。したがって、この企業がこの資本資産を購入し、投資を行うか否かは、この資本資産を供給する業者が提示する供給価格が一〇万ドル以下になることが必要です。もし、この資産を供給する業者が五万ドルで売りましょうともちかければ、投資を考える企業は、喜んでその資産を購入することでしょう。なぜなら、予想収益四〇〇〇ドルを供給価格五万ドルで割った投資の限界効率は八％となり、この時期の一般的な利子率をはるかに上回るから

にほかなりません。逆に、もしこの資産を供給する業者に一二万ドルでなければ売れませんと言われれば、投資を考える企業は、投資を控えることでしょう。なぜなら、予想収益四〇〇〇ドルを供給価格一二万ドルで割った投資の限界効率は約三・三％であり、この時期の一般的な利子率を下回ってしまうからにほかなりません。企業は設備投資をしないで、お金を金融市場へ回し、利子を四％確保するでしょう。すなわち、企業投資は、資本資産の供給価格が需要価格を上回る場合には行われることはありませんし、同じことですが、投資の限界効率は利子率を上回らねばならないのです。

こうして、企業投資を考える場合、資本資産の需要価格が供給価格を上回ることが決定的に重要であることがわかりましたが、ただこのことのみでは、企業家から投資需要を現実に引き出すことはできないでしょう。なぜなら、投資が行われるには、その資金的裏づけが必要になるからです。どのようにして、企業は投資資金を確保するのでしょうか。私たちは、より具体的に企業投資の資金的条件、すなわち企業金融へと分析のメスを入れなければなりません。

何か買いたいと思っても、そのお金はどうするの？　ということを具体的に考えないと買うことはできません。企業の投資においても同じことなのです。ひとたび、ある投資計画が企業にとって収益性のあるものと認定されるや、次に投資を行うか否かの意思決定は、その投資計画を実行に移すことのできる資金調達にかかってくるのです。

企業の投資資金として考えられる第一の源泉は、企業の経常的な運営には必要とされない手持ちの現金や、現金と同様の換金容易な財務省証券、商業手形になります。つまり、企業が持ち合わせている遊休資金や資産ということになります。米国の場合、こうした状況が生じたのは、第二次世界大戦後の特殊な事情によりました。第二次世界大戦時に、連邦政府は赤字国債を発行しましたし、投資は統制され、また配当が制限されるなど、企業は戦時の好景気も重なって多額の現金や政府証券を蓄積することになったのです。この結果、米国企業においては、大恐慌を経て第二次世界大戦後の二〇年間にわたって、流動的な企業の資産構造が出現しました。第二の金融源泉が内部資金です。内部資金とは、企業の日常的な営業活動から生じる粗利潤から租税と配当を差し引いたものになります。この資金は、投資計画の初期資金となるものですが、ここから利子や負債の元金の償還が行われなければなりません。したがって、この内部資金だけをもって投資計画が進行し、利潤が拡大することが可能なのは、企業の負債に対する支払契約額が少額で、投資に資金を回すことが可能な余剰金融資産、つまり第一の金融源泉が企業に存在する場合に限られることになります。というのは、利子支払と元金の償還が大きな規模になると、内部資金のみで大規模な投資資金を確保するのは到底不可能になるからです。第三の金融源泉は、したがって外部資金から成り立ちます。

外部資金の第一は、銀行あるいはその他の金融仲介業からの借入になりますが、第二は、社債の発行により資金を調達することです。また、第三は株式の発行による資金調達です。企業が投資を企てるにあたって、外部金融に頼るということは、私たちの経済の著しい特徴ですが、それが経済の拡張と収縮をいっそう甚だしい状況に陥らせる重要な要素でもあるのです。それを次に見ていくことにしましょう。

投資計画が外部資金に依存するようになりますと、投資計画に着手することに価値があるかないかの判断は、予想収益と外部金融から生じる費用とが比較されなければなりません。当然のことですが、社債によって投資資金を獲得し、企業が投資したとすれば、投資によってもたらされると期待される収益は、社債のための利子支払額を超えなければなりません。

この点についてポーランドの著名な経済学者ミハエル・カレッキーは、興味ある指摘をしております。「企業が、自分の企業者資本によって決まるある水準を上回る資本を借り入れることは不可能であろう。たとえば、もしも企業がその企業者資本からみてあまりにも多くの債券を発行しようとするならば、この発行分がまるまる引き受けられることはないだろう。たとえその企業が現行利率よりも高い利子率で債券を発行しようとしても、高くした利子率それ自体が企業の将来の支払能力に疑念を抱かせるかもしれないから、債券の売れ行きは改善されないかもしれない」（M・カレッキー著、浅田統一郎・間宮陽介訳『資本主義経済の動態理論』日本経済評論社、一九八四年、一〇六―七ページ）。つまり、重債務に陥った企業は、たとえより一層の借入を行おうとしてもそれは不可能になる可能性が高いといっているわけです。こうした状況になれば、企業家、すなわち将来の収益を期待する資本資産の買い手は、負債契約の不履行を防ぐため、資本資産の需要価格を引き下げざるを得なくなるでしょう。既述のように資本資産の需要価格とは、投資を考える企業家がその資本資産に支払ってもいいと考える価格の上限ですが、それをみずからの負債状況を察して引き下げざるを得ないということなのです。したがって、企業の負債、資金の借り手のリスクは、ある一定の水準を保っていた水平の資本資産価格の需要曲線を右下がりにします。

いままでは、資本資産を購入する側の借入についてみてきましたが、今度は、資本資産を供給する側の、その生産するにあたっての借入は資本資産の供給曲線にどのような影響を与えるのでしょうか。

既述のように資本資産の供給曲線は、ある産出量を超えますと資本設備への圧力が高まり、上昇し始めますが、資本資産供給業者が銀行などから借入していれば、以上の生産技術に基づく圧力とは独立に供給価格を上昇させる要因となります。銀行が設定する貸付条件において高い確定金利などに貸し手のリスクが表現されるということになります。したがって、投資は、貸し手のリスクを組み込んだ資本資産の供給価格と、借り手のリスクが反映される資本資産の需要価格との交点において決定されることになるわけです。したがって、資本資産を買おうとする投資者側の借り手リスクとその資本資産を売ろうとする供給側の企業家に貸付を行なう金融機関の貸し手リスクが大きければ、投資は低調となるでしょう。

しかしながら、資本資産を需要する企業家が順調にことを運んでいれば借り手リスクを低くすることはできます。自動車メーカーが生産プラントを増設し生産増に励み、また自動車が跳ぶように売れれば、自動車メーカーの投資規模はさらに拡張させることができるでしょう。こうした好調期には、金融機関も積極的に貸付を行うものです。自動車メーカーの好調によりその生産プラントも順調に売ることができれば、生産プラントメーカーは、債務不履行に陥ることはありませんから、貸している金融機関も安心です。貸し手リスクも低いものとなるでしょう。

ところで、金利は、資本資産の供給価格や需要価格にどのような影響を与えるのでしょうか。短期金利は、資本資産の供給価格に影響をおよぼすことが考えられます。自動車の生産プラントや工場の建設、あるいは電力システムの増設など資本資産の生産は、かなり長期の期間を要する場合があります。生産過程の初期の頃に借入、長期の生産を行っていますと、製品が完成する前に、資本資産の供給業者は、利子費用を払わなければならないということになります。資金需要が何らかの事情で上昇したとしますと、商業銀行が弾力的に資金供給をしない限り、短期金利は上昇するでしょう。利子率が資本財の生産途中に上昇し、金融調達費用が増加すれば、生産期間の長い投資財あるいは資本資産の供給価格を上昇させることになるでしょう。現代株式市場では、株式や社債の取引に短期金融が使用されていますから、短期利子率の急騰が起これば長期金利の上昇につながることもあり、株式価格・債券価格の下落、利回りの急上昇が起こりかねないのです。

したがって、短期金利の上昇は、資本資産価格の供給価格の上昇に帰結し、資本資産の供給曲線を上方にシフトさせるでしょう。長期金利の上昇は、資本資産の需要価格を下方に押し下げることになります。もし、利子率の上昇が急激であって、資本資産の需要価格が、資本資産の供給価格を下回ることにでもなれば、投資計画は、たとえ現在進んでいたとしても途中で中止に追い込まれることになるかもしれません。こうして、ミンスキーは、次のように結論づけたのでした。「金融市場が投資決定メカニズムの一部を担っているような経済はみな、強い不安定化をもたらす内在的な相互作用を抱いている」（ハイマン・ミンスキー著、吉野紀・浅田統一郎・内田和男訳『金融不安定性の経済学』多賀出版、一九八九年、二四〇ページ）。

企業投資において株式市場はどのような役割を果たすのか

企業家が投資行動を起こす場合、資本資産の需要価格とその供給価格との関係で投資が決定されると論じてきましたが、その場合、資本資産の存続期間を通じての収益の予測が、需要価格決定の重要な要因となると指摘しました。自動車メーカーの経営者が自動車生産プラントを増設する場合、その存続期間を通じた予想収益を考慮して需要価格を決定し、またその投資の限界効率も予想収益を供給価格で割り引いて算出されると理論上は言うことができるのですが、自動車メーカーの経営者は、ほんとうにそうした予想収益をはじき出せるのでしょうか。

ケインズが言っているように、こうした予想収益の推定は、極めて当てにならない知識の基礎に基づいてなされなければならないということなのです。「顕著な事実は、われわれの予想収益を推定するさいに依拠しなければならない知識の基礎が極端に当てにならないということなのである。投資物件の数年後における収益を規定する要因について、われわれの知識は通常きわめて乏しく、しばしば無視しうるほどである。率直に言えば、われわれはある鉄道、銅山、繊維工場、特許薬品ののれん、大西洋定期船、ロンドン市の建物などの一〇年後における収益を推定するに当たって、われわれの知識の基礎がほとんどないか、時にはまったく無であることを認めなければならない」（ケインズ著、前掲訳書、二四〇ページ）と言っています。

それでは、企業家の投資活動などどのようにして成り立つというのでしょうか。ケインズによれば、かつて、投資は、一生の仕事として事業に乗り出す血気盛んで建設的衝動に駆られた人びとがふんだんにいたことに依存しており、実際に予想利潤の正確な計算に依存するものではなかった。事業はある程度富籤のようなものだったというのです。つまり企業家が投資をするには一大決心がいるのであって、個人が企業に投資しようとする決意は、社会全体にとってばかりでなく、個人にとっても取り消すことのできない、後戻りのできないものだったというのです。だとすれば、いったん投資したならば、長期にわたってその資産を売却することができないわけですから、投資活動は不活発となり、経済の停滞が続いてしまうことになるのではないでしょうか。

しかしながら、こうした状況は、証券市場の発展によって払拭されることになります。なぜなら、「株式取引所は多くの投資物件を毎日のように再評価し、その評価は個人に対して（社会全体に対してではないが）彼の契約を変更する機会を頻繁に与えている。それはあたかも農夫が朝食後、晴雨計に打診して、午前一〇時から一一時までの間に農業から彼の資本を引き揚げようと決意することができ、またその週の終わりに再び農業に戻るかどうかを考え直すことができるようなものである。しかし、株式取引所の日々の再評価は、主として旧投資物件を一個人から他の個人へ移転することを容易にするために行なわれるものであるが、不可避的に今期の投資額に決定的な影響を及ぼす。なぜなら、現存の同種企業を買い取ることができるのに、それよりも多額の費用を払って新企業を起こすことは無意味であるし、他方、もし株式取引所において新計画の株式を売却し、即時的利益をえることができるなら、その計画に莫大と思われるような金額を支出する誘因も存在するからである」（ケインズ著、前掲訳書、一四九ページ）。つまり、株式市場の存在によって、今日では、企業投資に一大決心は必要なくなったのです。企業投資は、資本資産の長期にわたる将来的収益を予測せずとも気楽に行えるようになったといえましょう。組織された株式市場においては、投資された資本資産が一〇年後にどのような価値を持っているかを心配することなく、投資家に投資機会を提供することができるからにほかなりません。

こうして、資本市場の組織的発展は、企業投資の活発化をもたらし、「社会の総資本投資の持分のうち、経営に参加せず、したがって特定の事業の現在および将来の事情について特別の知識をもたない人々によって所有されている部分が増加した結果、それを所有している人々やそれを買おうと考えている人々が行なう投資物件の評価の中には、実情にそくした知識の要素が著しく少なくなっている」（ケインズ著、前掲訳書、一五二ページ）という事態が発生することになったのでした。したがって、現代における資本市場においては、専門的玄人筋の投資家が大きな役割を果たすこととなりました。これらの人々の役割は、知識のない人々に株式の真っ当な知識を教え込むことにあるのでしょうか。もちろんそうではありません。これら玄人筋の大部分の関心は、「投資物件からその全存続期間にわたって得られる蓋然的な収益に関してすぐれた長期予測をすることではなく、一般大衆にわずかに先んじて評価の慣行的な基礎の変化を予測することにある」（ケインズ著、同前、一五二ページ）からにほかなりません。

もちろん、こうした資本市場の発展が、企業投資の活発化を支え、経済的繁栄の基礎となるわけですが、投資市場の組織の改善とともに投機が優位を占める危険性が増大してきます。ケインズによりますと、企業という言葉が、資産の全存続期間にわたる予想収益を推定する活動であるとすれば、投機という言葉は市場の心理を予測する活動であるといいます。「投機家は、企業の着実な流れに浮かぶ泡沫としてならば、なんの害も与えないであろう。しかし、企業が投機の渦巻のなかの泡沫となると、事態は重大である。一国の資本発展が賭博場の活動の副産物となった場合には、仕事はうまくいきそうにない」（ケインズ著、同前、一五七ページ）。そして、ケインズによれば、こうした傾向は、流動的な組織立った資本市場を成功裏に作り上げた場合のほとんど避けることのできない結果なのです。したがって、ケインズは、投機の災害から人々を守るため次のような提案を行います。「公共の利益のために、賭博場を近づきにくい、金のかかるものにしなければならないということは、通常人々の一致した意見である。そして同じことがおそらく株式取引所にも当てはまる」（ケインズ著、同前、一五七ページ）。

また、企業投資の重要性を認識するケインズは、次のようにも言います。「現代の投資市場の光景を見て、私は時々、投資物件の購入を、あたかも結婚のように、死とかその他の重大な原因による以外には解消することのできない恒久的なものにすることが、おそらく今日の害悪を救う有効な方策となるであろう、という結論に駆りやられた。なぜなら、このようにすれば、投資家は長期予想に、しかも長期予想のみに注意を向けざるをえないからである」（ケインズ著、同前、一五八ページ）と。ケインズが言うように、結婚が恒久的なものかどうかは、離婚が日常茶飯な現在では俄かに判断がつきかねるところですが、投資をそうした解消しにくいものにすることによって投機の蔓延を防止するというのは納得のいく政策提言だといえましょう。

3　現代多国籍企業の投資論理とは

ケインズ的世界経済と企業の多国籍化

私たちは、既に第Ⅰ章第3節において、米国企業が第二次世界大戦後、ケインズ的な世界経済において多国籍化をヨーロッパ、ラテンアメリカを中心として果たしていったことを述べました。ここでケインズ的世界経済という意味をおさらいしておきましょう。

ケインズ的世界経済とは、誤解のないように述べておきますが、ケインズが自らの経済学を展開する際に直面した世界経済ではなく、彼の主著『雇用・利子および貨幣の一般理論』において追い求めた理想的な経済社会をいいます。ケインズが理想とした世界経済とは、どのような世界経済をいうのでしょうか。それをひとことで述べれば次のようにいえるでしょう。

まず、世界の国々が国際金本位制下におけるように外から強制されるのではなく、自国の都合に合わせて、完全雇用を実現すべく、財政・金融政策を実行しなければなりません。そうして、内需拡大とともに輸入が増大しますが、その輸入増大は、すべての国々で一斉に起こらなければなりません。そうすれば、自国の輸入は外国にとって輸出ですから、その結果、外需に依存した、企業の投資活動が活発となり、製品輸出の供給力が高まり、世界貿易の拡大が起こるに違いありません。こうなれば、世界のGDP水準が継続的に上昇することになり、同時に世界的な失業は解消され、世界経済的に完全雇用が実現されるでしょう。

ケインズは、『一般理論』のなかで次のように述べています。「必要な第一歩は、国際的な関心事によって妨げられない自立的な利子率政策、および国内雇用の最適水準を目的とした国家投資計画の政策であって、これはわれわれ自身とわれわれの隣人とを同時に助けるという意味で二重に幸せなものである。そして、経済と健康と活力――それを国内雇用水準と国際貿易量のどちらによって測るにしても――を国際的に取り戻すことのできる途は、すべての国々が相携えてこれらの政策を同時に実行することである」(ケインズ著、前掲訳書、三四九ページ)。こうした世界経済は、ケインズ的理想でした。ケインズ自身「これらの思想の実現は夢のような希望であろうか」と述べたことはよく知られている事実です。

第二次世界大戦後、各国資本主義の財政・金融政策によって、国内雇用水準と国際貿易量は、戦前から比較しますと格段に上昇しました。戦後、ヨーロッパ経済、日本経済の復興とともに世界貿易は拡大し、自由貿易による高度成長が開始されるに至りました。戦後の混乱期を経て、IMF・GATT体制が理想とする多角的貿易システムがドルを基軸に形成されることを意味したのです。また、こうして自由貿易体制が復活すると同時に米国企業の海外進出が開始され、米国企業の多国籍化が出現したのもこのケインズ的世界経済の下でのことだったのです。しかも、その中軸となった企業群は、一九三〇年代において、互恵通商協定法の成立の基盤となった企業でしたし、それらは、いずれもIMF・GATT体制に基づく多角的自由貿易システムの形成を促進する産業でした。これら産業が戦後のケインズ主義的経済政策を支えたことについては既に述べましたが、一九五〇年代後半以降のヨーロッパ企業との競争関係から、彼らは市場成長率の高いヨーロッパ市場での現地生産・現地販売の戦略をとり始めたのでした。

すなわち、米国企業のヨーロッパ進出は、成熟した米国の市場に対して、市場成長率が高く、そこでの市場占有率の上昇が、米国企業にとって重要な戦略となったからでした。まさしく有効需要政策によって供給量を決定するというケインズ的経済政策に乗って、市場占有率の上昇戦略を展開した米国企業の行動ということができましょう。この時期の巨大米国企業は、自社への製品に対していかなる需要が生じても、それに応じて十分な生産能力を用意しておくことが目指され、この点が保証されることによってはじめて企業の市場占有率は維持できたのでした。巨額な企業設備投資は、いずれも製品の売上高期待成長率の大きさによってより多くが行われたと見てよいでしょう。この時期に積極的に海外直接投資を展開した米国巨大企業は、いずれもその企業の海外直接投資先売上高期待成長率が高かったということになります。

新自由主義的世界経済の到来と企業の多国籍化

しかしながら、こうした先進国経済諸国のケインズ政策による高度成長はいつまでも続くことはありませんでした。インフレーションが景気停滞とともに訪れる、いわゆるスタグフレーションが、一九七〇年代以降の先進資本主義国を襲うことになります。ケインズ的世界経済からそれを超える新しい事態に世界経済は突入し始めることになります。私は、そうした新しい事態を新自由主義的世界経済と名づけますが、それは、ケインズ的世界経済の危機・崩壊から出現することになったのです。こうした事態の中で、米国企業の海外投資は、どのような論理によって展開されることとなっていったのでしょうか。

ここで私は、米国企業が、単に売上高期待成長率の上昇によって海外直接投資を展開するのではなく、資本資産の供給価格の低下ならびに直接投資による予想収益の増加、それによる投資の限界効率の増加にその直接投資の決定要因を移行させていったことを重視しなければならないと考えます。なぜなら、第二次世界大戦後、米国の主力企業は、技術革新的投資を積極的に行い、労働生産性を高めて輸出拡大を図ってきたのですが、ヨーロッパ市場を中心として展開された米国企業の直接投資の拡大とともに本国親企業の革新的設備投資が遅れ、実質賃金の上昇と企業利潤の低下という深刻な事態を本国親企業が迎えることになったからです。しかも戦後復興に伴って日本企業、ヨーロッパ企業との国際寡占市場における競争が激しくなり、売上高期待成長率の上昇を容易に期待するわけにはいかなくなったといえましょう。こうした事態を背景に米国企業の海外直接投資に変化が現われ始めてきます。それは、市場拡大を求め、市場規模の成長率の著しく高い地域への積極的投資という従来の戦略から、低賃金を利用し、また、原材料費など中間財費用の低下を求め、費用削減による収益増加の戦略へと変化させてきたといえましょう。

これを前節の企業の投資行動に即して考察しますと、海外直接投資は、個別企業の直接投資の限界効率が、国内設備投資の限界効率を超えることによって展開されるという論理が整合性を持ち始めたといえます。また、直接投資が展開される条件として、利子率が大きな役割を果たすことになったといえましょう。なぜなら、もし、海外直接投資の限界効率が、国内投資の限界効率を上回っていたとしても、利子率が高ければ、直接投資を行わず証券投資など金融資産を購入する行動に企業が駆られるのは当然のことにほかなりません。こうした事態が引き起こされれば、資本資産の供給価格に対して需要価格が低すぎる事態となり、どの企業も積極的に直接投資を行おうとはしないでしょう。

さて、このケインズ的世界経済が崩壊・危機に立ち至った世界経済において、海外直接投資の限界効率を国内設備投資の限界効率より高いと予想した企業家の理由は何だったのでしょうか。まず企業の期待収益に関することです。直接投資の期待収益は、それがたとえ極めて不確かなものであっても、企業家は、具体的に考察しなければなりません。いうまでもなく、企業の期待収益が有効需要の増大による売上高に依存することは明らかで、これは、いつの時代にも無視することはできません。しかしながら、期待収益には、同時に当期にかかる費用が大きくかかわることも無視することはできません。既に述べたように、世界市場の復興とともに各国企業間の競争が激しくなりましたが、米国企業は、賃金の上昇と労働生産性の低下による期待収益の低下に悩まされていたのでした。すなわち、操業度の上昇が、収益性の回復に寄与しない事態が出現していたと言い換えてもいいでしょう。したがって、投資の限界効率を検討する際に重要なファクターをしめる予想収益の決定的な要因として、労働費用の変化が注目されるに至ったのです。こうして、海外直接投資は、労働費用の変化率の小さい、賃金水準の低い地域への積極的な展開となったのでした。

さて、前節において明らかにしましたように、企業の直接投資を考える場合、資産の存続期間を通じての期待収益と同時に資本資産の供給価格を問題としなければなりません。もう一度この点についてケインズの引用から考察を進めましょう。「もしある期間内に一定類型の資本に対して投資が増加するならば、その類型の資本の限界効率はそれへの投資が増加するにつれて低下するであろう。その理由は、一つにはその類型の資本の供給が増加するにつれて予想収益が低落するからであり、いま一つには、通常、その類型の資本を生産する設備への圧力がその供給価格を増加させるからである。これら二つの要因のうち、第二のものは通常短期における均衡を生み出す点においていっそう重要である」（ケインズ著、前掲訳書、一三六ページ）。

ここで明らかなように、ケインズは短期における供給価格の増加の果たす役割を重視していますが、供給価格が資本財の製造コストにかかわるという事実を見なければなりません。したがって、予想収益と同様にこの供給価格の水準を決定する重要なファクターとして、賃金水準が影響していることは大いに考えなければならないといえましょう。かくして、企業が海外直接投資を考える場合、賃金水準の低い地域への投資というのは、供給価格の水準という面からも重要になるといえます。

こうして、ケインズ的世界経済の危機・崩壊後の世界経済において、米国企業は、海外直接投資の供給価格、予想収益、そして、そこから算出される海外直接投資の限界効率を国内設備投資の供給価格、予想収益、そしてそこから算出される投資の限界効率を比較考量し、海外直接投資の限界効率が国内設備投資の限界効率を上回れば、海外直接投資を実行するという行動様式に変化していったとすることができましょう。

多国籍企業は資金調達をどのように行うのか

さて私たちは、企業が海外直接投資を企てる場合に、利子率が果たす役割をどのように考えればよいのでしょうか。従来、資本移動を説明する理論において、利子率の果たす役割は次のように捉えられていました。「水は低きにつくといわれる。これは重力の法則によって水が標高の低いところで流れるという習性を述べたものである。似たような表現を用いれば、資本は高きにつくということになろう。つまり、金力の法則にしたがって資本は収益の高いところで流れるのである。資本の収益、あるいはレンタルは資本が豊富にある国では低く、資本が乏しくなる国では高くなるのが通常である。したがって、高きにつく資本の流れは豊かなところから取り、乏しいところに加えることによって、世界における資本の偏在をただし、各国での利用可能な資本量を平準化する機能を果たすわけである」(伊藤元重・大山道広著『国際貿易』(モダンエコノミックス14)岩波書店、一九八五年、一五二―三ページ)。こうした考えは、従来、国際間の証券投資を説明する論理として通用していました。たしかに、利子配当の取得を目的とする債券や株式の購入は、通常、資本の収益(利子・配当)の高い国の債券や株式において行われますから、資本移動は、利子・配当の低い国から高い国へとなされることは容易に理解できます。しかしこうした考えを企業の直接投資の説明に使うことはできるでしょうか。

ここで注意しなければならないのは、企業の直接投資と証券投資は別物であるということなのです。企業の直接投資において、利子は、収益ではなく費用の意味を持つということなのです。たとえその企業が借入をしなくても、直接投資をすることによって、金利を獲得する機会を失うと考えれば、その場合でも利子は直接投資を行う企業にとって費用になります。これを機会費用といいます。したがって、証券投資とは逆に、企業の直接投資の場合、利子率の上昇は企業投資を減退させ、低下は活発化させるといってよいでしょう。

さきほどの投資の限界効率と関連させて多国籍企業の投資論理を考えてみますと、海外直接投資の限界効率は、国内設備投資の限界効率を超えなければなりませんでしたが、さらに利子率も超えなければならないことになります。なぜなら、国内の利子率が海外直接投資の限界効率を超えていれば、あえて海外に直接投資をせず、自国において金利で稼ぐことを企業は考えるでしょうし、また、海外の金利が海外直接投資の限界効率を超えていれば、海外において金利で稼ぐことを企業は考えるからにほかなりません。

ところで、企業が直接投資をするにあたっての資金調達という側面から利子率を考察しますと、一般には、利子率の低いところで資金調達をするでしょうから、国内利子率が最も低ければ、国内で調達し、海外直接投資を行うでしょう。また、海外利子率が低ければ、世界市場で最も資金コストの安いところの資本市場で資金調達を行うことでしょう。しかしながら、私たちは、多くの企業が、自国からではなく、現地で資金調達をするという現実を説明しなければなりません。この点についてスティーブン・ハイマーは、次のように言っております。「企業は常に投資を行おうとしている国の資本費用を安く感じることだろう。すなわち、外国において投資を行っているいかなる国のいかなる企業も、対外投資を行うために国内市場において借り入れるよりも現地で借り入れる方が安いと感じることであろう」（ハイマー、前掲訳書、一三五ページ）。

しかし一体これはなぜなのでしょうか。それは、国境を越えて資金が移動することに障壁が存在するからにほかなりません。この障壁によって生じる費用を資本取引費用というのですが、情報が乏しく、為替変動に常に晒されている国際資本市場においては常に存在しているといわなければなりません。資本市場では、証券投資の移動によって、国外利子率は、国内利子率に輸送費を加えた利率以上にはならないと考えられますから、企業は、常に国外利子率を国内利子率に比較して安く感じるというわけなのです。したがって、資本市場が十分に発達した企業の本社が所在する本国における利子率が、進出先諸国の資本市場における利子率より低いことが事実として確認されるとしても、資本移動にかかる費用を考慮すると、本国から調達するということにはならないのです。

しかしそれでは、多国籍化を図る企業は、すべての資金調達を現地で行うのではないでしょうか。もちろん、そうではありません。現地で資金調達をする場合、そのタイプによって調達費用が異なるからにほかなりません。最も費用が安いのはいうまでもなく、一時的未払いによる短期の借金です。あるいは、税金を未払いにするというようなやり方があります。賃金の支払を遅くすることは、労働者の立場からするととんでもないことですが、労働者に犠牲を強いれば、企業にとって費用が多くかかるということはないでしょう。続いて、銀行からの借り入れになります。そして、とりわけ発展途上国で最も多くの費用のかかるのが、債権や株式による資金調達なのです。なぜなら、現地に債権や株式を発行する資本市場が存在しないことが考えられるからです。こうして、多国籍化を図る企業は、事業活動を実施する現地において、資金調達をする場合、短期の借入金や銀行借入に依存することになるのです。

4　現代多国籍企業の組織と行動

企業の組織はどのように進展したか

ここでは、歴史的に企業組織がどのように発達してきたのかをみながら、今日の多国籍企業の組織がどのようなものなのかを検討してみましょう。

まず私たちは、最もシンプルな企業組織形態であるマーシャル型企業組織をとりあげましょう。一般に、企業の経営管理は三つの段階に区分されるといいます。最も低い第三のレベルは、工場レベルで日々の事業活動に携わる経営管理です。第二のレベルは、その最も低い第三のレベルの経営者たちを調整する経営管理です。そして第一のトップの経営管理は、企業体の目的設定と計画に携わるのです。最初にあげるマーシャル型企業組織は、この三つの段階が未分化で、一人あるいは数人で、企業全体を統括管理する企業組織をいいます。マーシャルとは、本書でも重要な役割を果たしているあの有名なイギリスの経済学者ケインズの師であるアルフレッド・マーシャルのことですが、一八七〇年代の米国企業は、ほぼこの形態に属していたといってよいでしょう。

しかし、三つの段階が未分化なこの企業組織から、上位二つの経営管理が最も低いレベルの経営管理から引き離される企業組織が生み出されてきます。この企業は、別名U型企業とも呼ばれ、急激な成長と合併運動によって、一国規模の垂直的な統合によって、大量生産を実施するのにふさわしい大株式会社なのです。この企業組織は、典型的には一九世紀末の米国に現われ、ファイナンス、人的配置、購買、エンジニアリング、そして販売についての管理機能を通じて発達してきました。

こうして、一九二〇年代以降になりますと、多部門企業組織、すなわちM型企業組織が出現することになります。このM型企業組織は、第二次世界大戦後に急速に発展し、今日の多国籍企業の基本的組織を形作りますが、巨大株式会社として、多角化戦略をとり、地理的にも広大に拡がった経営を柔軟に統御しながら発展することとなりました。この企業組織では、既述の経営管理の三つのレベルは、きれいに分化され、目的設定と計画に携わるトップレベルの経営管理が第二段階の経営管理を統括し、第二段階の経営管理は、事業部ごとに第三段階の工場レベルの経営管理を統括することになります。第一次世界大戦後のゼネラル・モーターズ、デュポンがこの企業組織をとり始め、第二次世界大戦後になると米国やヨーロッパの巨大株式会社がこの企業組織をとることになります。

このM型企業組織が、今日の多国籍企業の典型的な姿であるということがいえましょう。今日の多国籍企業は、垂直的統合から成立した国際的事業部門をいくつも抱えている多角的事業部門制へと発展しているからにほかなりません。単一の事業部門の多国籍企業から新たな事業部門への進出を果たし、国際コングロマリットとしてグローバルに活動しているのが現代多国籍企業の典型的形態だと申せましょう。

コングロマリットとは、事業的に何ら関係のない諸部門が、多国籍企業の本部財務部門による統括によって、一つの巨大な企業経営体となったものをいいますが、こうした組織が全体として統合されるには、強力な第一段階の経営管理が必要となることはいうまでもありません。すなわち、多国籍企業は、現地の労働のさまざまな民族的基礎に基づいて日常の事業活動を監督し、管理するためのヒエラルヒーを作ります。また、その現地工場を統括するために地域管理機構を作りますが、企業のトップにおいては、財務管理を利用することによって全体的な企業戦略の方向づけと命令を与える戦略中枢を構築します。この垂直的なヒエラルヒーの底辺では、労働者は多くの国籍に分かれていますが、このヒエラルヒーのピラミッドを登ればのぼるほど国籍は均一化し、本国親会社の立地する国の色彩を濃くすることになるのです。

多国籍企業の行動と事業部門制

それでは、この多国籍企業のトップに位置する本部財務部門とはどのような機能を果たすのでしょうか。次に現代多国籍企業の行動について検討してみることにしましょう。まず、ここで注目しなければならないのは、本部財務部門がこの多国籍企業全体の経営に関して絶大な支配権を行使していることです。この支配権は、事業部門ごとに目標利潤率を設定させ、それを実現できない事業部門を惜しげもなく売却し、目標利潤率を達成できうる事業部門の拡張にその資金を使い、また既存の事業部門に加えて新たな事業部門を買収し、多国籍企業活動の範囲の修正を常に行うことに向けられるのです。こうした経営方法については様々なやり方が考えられてきましたが、ここでは、一九七〇年代の初めに、ボストン・コンサルティング・グループによって開発されていた方式を紹介しましょう。

彼らは、多国籍企業が製造する個々の製品あるいはサービスを販売成長率の大小と企業の市場シェアの大小とで四通りの事業部門に分類します。第一が中軸的成長部門で、販売成長率も市場シェアも大きな事業部門、第二が急成長部門で販売成長率は急激に伸びているが、いまだ市場シェアが小さい事業部門、第三が成熟部門で販売成長率は鈍化しているが、企業の市場シェアが大きい事業部門、そして、第四が衰退部門で販売成長率も市場シェアも小さい事業部門なのです。

ここで、彼らが進言する企業戦略は、次のとおりになります。第一に、中軸的成長部門は、当然営業をそのまま継続させます。販売成長率も市場シェアも大きいわけですから、この多国籍企業の中軸部門というわけです。第二に、急成長部門は、成熟部門から資金提供を受け、さらに衰退部門の売却資金を獲得し、蓄積に回すのです。この部門は、急成長していますが、市場シェアがまだ小さいということでこれからよりいっそうの成長が望めるからにほかなりません。したがって第三に、成熟部門は、その収益を急成長部門に回します。成熟部門を拡張しても、市場シェアは大きいものの成長率は鈍化していますから、この部門の成長を図るよりも、急成長部門に資金を回したほうが効率的だからにほかなりません。さらに第四に、衰退部門は売り払ってその資金を急成長部門に回します。

こうした多国籍企業の行動戦略は、当然にも事業部門の強烈な再編を生み出し、その企業の業務の劇的な変化を招来する場合があります。例えば、ゼネラル・エレクトリックは、一九八〇年代に、かの有名なＣＥＯであるジャック・ウェルチの下で徹底したリストラクチャリングを実施し、一九九二年の事業部門別利益を見ますと、金融サービス事業が最も多くの利益をあげ、続いて航空機エンジン、電力システム、技術製品とサービス、産業機械という順に利益をあげる多国籍企業に変身し、大型家電機器からは、極めてわずかの利益しかあげえない企業になったのでした。ゼネラル・エレクトリックの場合、もはや総合電器メーカーという面影はありません。

半導体のインテルは、コンピュータ産業のダウンサイジング化とともに重要性を増したＭＰＵ（Micro Processor Unit：超小型演算処理装置）の事業にいち早く切り替えたのでした。すなわち、ＭＰＵ事業を最も成長率の高い事業部門と見たインテル経営陣は、そこに投資と技術開発を集中し、半導体の国際市場での独占的位置を狙う戦略に出たのでした。一九九二年にインテルは、ＭＰＵ市場の制覇によって、半導体売上で世界ランキングのトップとなったのでした。

自動車企業のゼネラル・モーターズは、小型車については独自の開発を試みますが、アジアからの完成品や部品の輸入による、いわゆる「外部調達戦略」を徹底させる方針をとります。しかも、電子制御システムや金融保険業への進出も図り、事業部門の拡張による多角化戦略をいっそう進展させることとなりました。

ＩＢＭの場合はどうでしょうか。ＩＢＭは、近年の小型化されるコンピュータ産業において、事業をパーソナル・コンピュータ、ワークステーションへと対応させ、さらに情報通信サービス業の分野に進出しましたが、二〇〇四年一二月七日、パソコン事業を中国のレノボ（聯想）グループに売却すると発表しました。パソコン事業の収益悪化がその原因ですが、「ＩＢＭは売却に伴い、成長性や収益性の高い法人向けのサービスに注力する」（『朝日新聞』二〇〇四年一二月八日夕刊）といいます。すなわち、同社にとっての衰退事業部門であるパソコン事業部門から撤退し、急成長事業部門である法人向けサービス事業部門へ資金を回し、より一層の利潤追求を求めたことになります。

ところで、この事業部門の売り買いは、どのように行われるのでしょうか。いうまでもなく、多国籍企業の事業部門は株式会社化されていますから、株式市場を通じる売買によって行われることになります。企業の売却・買収は、多国籍企業財務部門の仕事となり、その地位は、企業内においても極めて大きな存在となったのはいうまでもありません。

多国籍企業の活動に不可欠となった株式市場

既に私たちは、企業投資において株式市場がどのような役割を果たすのかについて検討しました。もし株式市場が存在しなかったら、企業投資が大々的に展開するのが妨げられ、資本主義経済の生産力の発展は、かなり遅れることになったことでしょう。なぜなら、株式市場の存在によって、今日では、企業投資に一大決心をする必要はなくなり、容易にそれを行うことができるようになったからです。既述のようにケインズは、こう申しました。「株式取引所は多くの投資物件を毎日のように再評価し、その評価は個人に対して（社会全体に対してではないが）彼の契約を変更する機会を頻繁に与えている。それはあたかも農夫が朝食後、晴雨計に打診して、午前一〇時から一一時までの間に農業から彼の資本を引き揚げようと決意することができ、またその週の終わりに再び農業に戻るかどうかを考え直すことができるようなものである」（ケインズ著、前掲訳書、一四九ページ）。

今日の多国籍企業が、グローバルに広がった自らの巨大な企業組織を、株式市場を通じて、気楽にとまではいいませんが、かなり自由に再編することになった事実は否定できないでしょう。多国籍企業本部財務部門は、その事業部門ごとに目標利潤率を設定させ、不採算部門の切り捨てや必要事業部門の買収を、株式市場における株式の売買によって実現することになったからです。

かつて、米国の企業が内部留保を充実させ、基本的に内部資金によって企業規模の拡大が行われていた時代がありました。多国籍企業も市場拡大的に輸出産業企業の延長線上に直接投資を行っていた時代は、企業金融は基本的には、内部資金が使用されていたのです。企業の利潤獲得も内部留保をいかに確保するかに置かれており、企業経営における経営者支配論が現実性を持った時代でもありました。企業の海外直接投資を決定する要因は、海外市場における製品売上高期待成長率にあったのでした。したがって、企業経営者は、内部留保を確保し、投資資金調達という観点からは、銀行貸付、社債、株式の発行は二次的補足的なものであり、その意味で、巨大企業に対する銀行支配も基本的には避けることができたというわけです。

しかしながら、今日の巨大企業、とりわけ多国籍企業は、そういうわけにはいきません。米国企業が世界経済において絶大な力を有していた時代は、過去のものであり、ヨーロッパ企業、日本企業など世界経済において米国企業の独占的地位を脅かす巨大企業が活動を開始したのです。現代米国企業は、かつての内部留保を充実させ、基本的に内部資金の再投資によって企業規模の拡大を図るなどという悠長な時代に生きているのではありません。必要なときには、株式市場を通じて大胆に資金を調達し、また、企業の買収・合併を株式売買によって大々的に展開することで、自企業の再編をグローバルに展開することになったのです。いまや多国籍企業の経営者にとって、株式投資家の動きを無視して企業経営を行うことは許されません。株式投資家は、当然ながら投資先株式価格の上昇を望みます。企業の業績評価は、株式価格に代理して表れると彼らは考えます。

それでは、今日の企業経営者は、どのようにして自企業の株式価格を上昇させることができるのでしょうか。まず、株式市場における企業価値が、株式価格として基本的には、将来的配当を利子率で割り引いた割引価値を軸にして形成されることに注意しなければなりません。割引価値とはどういうことでしょうか。ここでは具体的な例をあげ、わかり易く説明することにしましょう。

A社の株式価格は、その株式の需要と供給によって決定されます。いま、A社の株式価格が一株一〇〇円で販売されているとしましょう。A社の株を買いたい人がたくさんおり、需要が供給を上回りますと株式価格は上昇します。しかし、その価格上昇に上限はないのでしょうか。A社の株式の配当が一株あたり二〇円としましょう。そして、利子率が一〇％としましょう。この場合、A社の株式を一株一〇〇円買えば二〇円の配当が得られますから、金融市場で一〇％の金利を獲得するより、A社の株式を買ったほうが得だということになり、需要が増大するというわけです。株価は上昇します。けれども無限に上昇するわけではありません。一株二〇〇円に上昇すれば、配当は二〇円ですから投資利回りは一〇％となり、金融市場の一〇％と変わらない水準となり、この水準に落ち着くことになります。この二〇〇円が、A社の株式投資の需要価格であり、それは配当を利子率で割り引いた割引価値と同じ意味になります（二〇円／〇・一＝二〇〇円）。株式投資の需要価格とは、この価格までならば、株式投資を行ってもよいと判断される株式価格の上限と言い換えてもよいでしょう。なぜなら、もしこの上限を超えて株価が上昇するならば、企業から獲得される配当は利子率以下に低落し、投資家にとっての投資魅力は消滅するからにほかなりません。

企業投資が基本的に内部資金によって賄われていた時代、配当が利子率レベルの低い水準に抑えられていたことがありました。「配当の利子化」といわれましたが、投資の利回りと金融市場の利子率が同じですから株価も上昇することはありません。こうした企業戦略が採用されたのは、内部資金が充実し、株式発行による資金調達が基本的には必要がなかったことが影響したといえましょう。

しかしながら、現代企業においてはそういうわけにはいきません。大々的な資金調達を資本市場で行うためには、株式投資の配当を上昇させ、投資家の積極的投資を誘うことが不可欠になります。A社の株式価格が、一株二〇〇円で取引されているとしましょう。ここで、A社は従来の一株あたりの配当二〇円を四〇円に上昇させるのです。株式は、二〇〇円で販売されていますから、株式投資の供給価格は、二〇〇円なのですが、A社の配当の上昇によって、株式投資の需要価格は、四〇〇円に上昇することになるでしょう。なぜなら、四〇〇円に上昇すれば、投資の利回りが一〇%になり、金融市場の利子率とちょうど等しくなるからにほかなりません。こうして、A社に対して多くの投資家は資金を投入し、A社の株式価格は、一株四〇〇円まで、理論的には上昇することになります。

こうして株式価格は上昇し、投資家は、株の値上がり益、すなわちキャピタル・ゲインを獲得することになります。今日では、投資家の力は大きなものですから、企業経営者は、常にこうした状況、すなわち自企業の株式価格の上昇を作り出さねばならないことになります。そのためには、企業の一株あたりの収益を増大させなければならないでしょう。企業の一株あたりの収益を上昇させることにより、将来にわたっての配当の増大を期待させれば、投資家の信頼が高まり、この企業の株式価格は上昇を継続させることができるはずです。株価収益率とは、一株あたりの株価を一株あたりの収益で割った値ですが、この値が小さいとこの企業の利益額に比較し株価が割安であることを示しますし、成長著しい企業の場合、将来的な収益の増加を見込み、株価収益率は高くなります。

多事業部門制多国籍企業が、事業部門ごとに目標利潤率を設定し、果てしのない企業買収を繰り返し、企業再編を展開するのは、まさしくこの企業の資金調達方式の劇的な変革にあったといえましょう。

現代企業を支配するのは誰か

かつて、米国において、巨大株式会社内部における経営管理機構の重要性が論じられ、バーリとミーズは、経営者支配論を説き、ガルブレイスは、株式会社内部に形成された独自の「テクノストラクチュア」によって巨大株式会社の実質的支配がなされているとしました。米国巨大会社が、豊かな独占利潤を背景とする内部資金によって投資を行い、それゆえ外部金融の重要性は減退し、銀行業や有力な株主からもますます独立するようになったと彼らは考えました。今日においてもこうした議論は成り立つのでしょうか。ここで注目しなければならないのは、米国における機関投資家と巨大株式会社との関係であり、現代においては、前者すなわち機関投資家が極めて大きな力を発揮している点に注目しなければならないと私は考えます。

ところでこの機関投資家とは、具体的には何をさすのでしょうか。一九世紀末、米国に巨大株式会社が出現したとき、ロックフェラーやモーガンなどという個人投資家が注目されたことがありました。彼らは、家族支配に基づく一大財閥を形成したことは、今日ではあまりにも有名な話ですが、現代にそうした個人投資家が再び出現したというのでしょうか。もちろんそうではありません。

機関投資家とは、商業銀行の信託部、保険会社、投資会社、公的退職基金、企業年金基金、財団、大学などをいいます。これらの機関は、様々なルートで資金を集めるわけですが、共通しているのは、その資金はかつての個人投資家と異なって多くの人の共有財産であるということなのです。銀行の信託部は、巨額な資産を預かり資産運用を任されるわけですから、当然、収益性のいい投資機会を求めます。保険会社は、莫大な保険料を集め、それをもとに資産運用を行います。投資会社は、投資信託会社のことですから、やはり収益性のいい投資機会を求めます。公的退職年金や企業年金基金は、働く人々から年金用に給料から天引きして集められたお金ですから、やはり基金を潤すには収益性の高い投資機会を求めることになるのは当然でしょう。財団や大学も今日では、多くの資金を資産運用に回し、収益をあげているのです。したがって、機関投資家の力が強くなると、単に企業を支配するという目的ではなしに、投資することによって収益をあげる、すなわちキャピタル・ゲインを求めて行動するということになります。

かくして、巨大企業の最高経営責任者（ＣＥＯ）は、かつてのように配当の利子化を行う株主無視の経営をすることは許されず、株主の利益のために行動しなければならなくなったのです。

最近、コーポレート・ガヴァナンス（企業統治）ということがよく言われるようになったのは、こうした背景があってのことなのです。すなわち、米国巨大企業の内部において実質的な支配者だった経営者の権威が崩れ、企業所有者として株主の権威が新たな形で生み出されたといえましょう。株主が資金を企業に提供する場合、株主は経営者にその資金の使用について重要な決定権を委託することになります。企業における所有と経営は、経営者支配論が通用していたときにおいても分離していましたが、経営者が実権を握っているときには、株主の決定権などは事実上無視されていたのでした。しかし、株主の権限が強まるにつれ、企業経営を株主のために効率的にどのように行わせるのかがコーポレート・ガヴァナンスの重要な課題となったのです。そのためのコーポレート・ガヴァナンスには、三つのやり方があるといわれます。

その第一は、市場が経営者に課す規律によって実現されるとするものです。今日では、企業経営者も企業所有者すなわち株主に雇われているという関係にあります。つまり、オーナー・マネージャーでない限り、企業経営者は雇われ経営者というわけです。したがって、経営者が株主の意向に反して仕事をきちんとこなさないと首を切られてしまうというわけです。実績をあげない経営者には明日はありません。企業の業績が悪化すると企業の最高経営責任者（CEO）がしばしば職を失うという事実は、このことを示しているのです。

第二にあげられるのが、企業内部のガヴァナンスが経営者に規律を課すことによって実現されるとするものです。株式には議決権が付与されますから、株式多数支配の有力株主は、議決権を行使して役員会における経営者の選択に力を発揮します。しかし、経営者に企業所有者と同じ利害を感じさせ、その対立を解消するにはどうしたらよいのでしょうか。それには、経営者に株式を保有させることが一番です。なぜなら、そうすることによって、経営者は、株主と同じ穴の狢になるわけですから。実際のところ、一九三〇年代以降、米国における経営者の株式保有は上昇の一途を辿っているのです。統計の示すところによりますと、株式公開された企業の経営者による株保有の比率は、一九三五年には平均一二・九％にしか過ぎませんでしたが、一九九五年には二一・一％にまで上昇することになったからです。企業内部のガヴァナンスにおいてもう一つ重要なことは、株主の利益を代弁する取締役会の改革であるといわれます。企業の取締役会には、二つの機能があります。一つは、企業の最高経営責任者（ＣＥＯ）やその他の経営メンバーに企業経営上の適切なアドヴァイスを与えることですが、もう一つはその逆に、ＣＥＯや他の経営メンバーから受け取る企業経営に関する提案の質を検討し、彼ら自身が株主のために働くことです。株主が、取締役会に社外取締役を加えることで彼らの利益を増加させたか否かは、にわかには判断がつきかねるということがいわれます。むしろ、ＣＥＯ以外の誰かを取締役会長に任命することや、社外取締役をＣＥＯの報酬の決定や社外監査役の選定というようなきわめて重要な決定を行う委員に任命することなどが取締役会の改革として考えることができそうです。

米国における第三のコーポレート・ガヴァナンスのやり方としてあげられるのが、そのための法律制度と規制制度ができていることによるものです。法律制度は、株主の利益を擁護する重要な手段であり、紛争を解決する信頼性のある公平な手段を提供するものでもあります。また、裁判所を通じた信頼性の高い紛争解決手段も、米国におけるコーポレート・ガヴァナンスに重要な効果を与えることができるものです。一九三四年に創設された証券取引委員会（ＳＥＣ）によって開始された証券規制は、一九二九年株式大崩落によって引き起こされた様々な問題を解決する規制として開始されました。米国の証券規制の特徴は、市場参加者が情報をあまねく公衆に開示しなければならないというルールです。投資家は、よい情報を手に入れることができれば、自らリスクを選び取り、投資決定を微調整することによって、多少リスクのある投資機会を提供する企業へも資本をシフトさせることができるものです。情報のより有効な活用によって経営者はより良い仕事ができるでしょうし、低いリスクの投資機会を提供する企業は、低コストで資本を利用できるというメリットが生じることになります。

企業合併をめぐる連邦政府の政策は、どのように変遷したか

株式市場を舞台にいまやグローバルに進められる企業合併、これらが現代多国籍企業の基本的行動様式となった理論的根拠やその動因については、以上のとおりなのです。ところで、こうした企業の行動に対して、米連邦政府はどのような対応を示してきたのでしょうか。企業行動に対する政府の規制について、次に述べることにしましょう。

企業買収や合併が産業の集中を促進し、独占を生み出すことについて、米国政府は、歴史的に

古くから厳しい姿勢をとってきました。なぜなら、独占、カルテル（米国ではプールという表現が使われる）その他の制限的取引慣行が、商品価格を上昇させ、消費者に損害を与えるからです。また、独占が問題なのは、イノベーションを阻害する可能性があり、経済支配力によって、競争を排除し、企業活動のイニシャティブを圧殺し、活力を低下させるからにほかなりません。一九世紀の末に大々的な資本集中運動があり、ジョン・D・ロックフェラーによるスタンダード石油トラストの設立（一八八二年）にはじまり、綿実油トラスト（一八八七年）、亜麻仁油トラスト（一八八五年）と各種のトラスト形成が続きます。

トラストとは、トラスト協定に参加した企業が、その株式を「受託者」に預託し、それと引き換えに「トラスト証券」を受け取ることによって成立しますが、株式を預託された「受託者」は、その株式によってトラスト参加企業への実質的支配が可能となります。したがって、トラストの形成は、独立事業者への圧迫や強制、市場支配による独占価格の設定などにつながり、多くの民衆からの反撃を引き起こし、州レベルの独占禁止政策の実行の後、ついに一八九〇年には、連邦レベルにおいてシャーマン反トラスト法が成立し、コンビネーション、取引制限などの独占的行為は違法とされることになります。この法律の適用によって、既述のスタンダード石油トラストが一八九二年に解体されたのは極めて象徴的な出来事といえましょう。

かくして、独占的大企業は、トラストの解体という事態の中で、新たな支配と集中の方式を考案してゆきます。それが「持株会社制」であったことはよく知られています。持株会社とは、受託者に預託された株式とトラスト参加企業の持つトラスト証券を交換、一旦トラストを解体した後、トラスト参加企業の株式を持株会社に集中させることによって、今度は、持株会社によって企業集団の支配を行うこととしたのでした。一九〇一年に設立されたＵＳスティール社は、モーガン支配の持株会社による大独占企業であったのです。

米国の独占禁止政策は、一九一四年、クレイトン法の成立と連邦取引委員会（ＦＴＣ）の設立によって完成をみることになります。シャーマン反トラスト法は、独占、価格維持協定、通商に対する不合理な制限に対して刑事上、民事上の罰則を伴った法律でしたが、クレイトン法は、それを強化して、価格差別、排他的取引協定やひも付き販売などの、より特定化された禁止を含み、その効果が競争を著しく阻害するか、独占を形成するおそれがある場合に適用されることとなったのでした。

こうした米国における反独占政策は、今日、どのように運用されているのでしょうか。一九九三年に成立した民主党クリントン政権と二〇〇一年に成立した共和党ブッシュ政権の反独占政策をみることによって検討を進めましょう。今日の反独占政策の難しさは、企業合併を、独占を強化する作用のみで判断してはならないということから来る問題なのです。つまり、個々の企業合併において、反トラスト執行機関は、それが独占強化に働くか、それとも企業規模の拡大によって効率性の増進が図られるかを判断しなければならず、後者の効果が前者を上回ると判断されるなら、企業合併は当然許されてしかるべきなのです。

いうまでもなく、企業合併においては、市場の集中を著しく高め（ガイドライン1）、競争を阻害し（ガイドライン2）、企業合併後その産業へ他企業の参入を困難にすること（ガイドライン3）が起こりえます。したがって、FTCと司法省が作成した一九九二年の「水平的合併のガイドライン」では、以上の点を、ガイドライン1、2、3として定めたのですが、ガイドライン4として、合併することによって期待できる効率性が高ければ、合併は許可されるべきであるという基準も定めたのでした。すなわち、合併手続きに入った場合、この合併によって集中を排除できず、消費者に不利益をもたらすとしても、合併によって大幅なコスト削減による節約がこの不利益を相殺して余りあれば、合併は許されるべきであるというわけです。クリントン政権の反独占政策は、企業合併が市場の独占を促進するのか、それとも、企業規模の拡大による効率性の増進となるのかを判断し、独占を促進すると判断される場合には、合併許可を出さないという方針でした。

しかし、その判断は、二〇〇一年に成立したブッシュ政権になると大きく変化することとなります。ブッシュ政権によりますと、第一に、一九九〇年代後半から急増した企業合併は、企業がコストを削減し、製品を改善し、あるいは別々の組織よりも効率的にその規模を拡大できる場合に行われるとします。例えば、二つのスーパーマーケット・チェーンが合併しますと、合併で余剰となった配送センターが廃止され、残りの配送センターにかかるコストは、より多くのスーパーマーケットに分散されるからコスト効率的になるという理屈です。

しかし、ブッシュ政権の企業合併に対する考え方では、第二に、次に述べるものがその階級的特徴を最もよく表しているといえましょう。すなわち、合併によって、企業の所有者である株主が企業経営に支払っている代理コストを削減できるというのです。本来、企業の所有者である株主は、企業経営を実際に行うことで自らの利益を追求できるのですが、それを専門的経営者に代わってやってもらえば、専門的経営者が株主の利益を最大限追求するかどうかははなはだ疑わしいというところから、代理コストが発生します。しかしもしその代理コストが極めて大きければ、合併時に新しい経営者に交代させることによって、削減が可能だというのです。つまり、既存の企業の経営チームが株主の利益に沿って行動する点で不十分、あるいはその利益に反して行動しているような場合、そのチームは、杜撰な経営をしていたことになります。こうした企業を買収あるいは合併するときに経営者を交代させることができれば、企業合併には、ガヴァナンスの機能を高めることができるとブッシュ政権は考えたのです。

そして、ブッシュ政権の企業合併に対する考え方の第三は、国際的な企業合併を国内企業合併と同じように、効率性の増加という観点から把握し、国際的に生産効率的なシステムを形成する企業組織への変更であると理解したのです。世界市場において自由貿易を促進し、財とサービスの自由化の実現が、生産性を上昇させるのと同じように、国境を超える合併によって、国内において成し遂げることのできなかった企業組織の改変をグローバルに行い、生産組織の効率化を行うのが国際的企業合併の素晴らしい点であるというのがその主張です。もちろん、こうしたブッシュ政権の考え方に基づく政策がすべて思惑通りに進んだというわけではありません。といいますのは、多国籍企業にかかわる企業合併は、米司法当局だけがかかわるものではありません。関係各国の司法調査が必要とされるからにほかなりません。具体例として、ゼネラル・エレクトリックによるハネウェル・インターナショナルの買収計画時に起こったことがあげられるでしょう。GEとハネウェルは、いずれも米国に本社を置く会社です。これら企業は多国籍企業であり、特にヨーロッパにおいてかなり多くの販売実績をあげていることから、この買収計画は、EUの反トラスト当局の調査を受けました。GEは、航空機エンジン、ハネウェルは、着陸ギアから通信・操縦システムに絶大な競争力を持っています。米司法当局は、結合された企業が、各企業が個別に提供するよりもより魅力的な価格でよりよい製品とサービスを提供できると判断し、合併を許可したのですが、EU側は、ヨーロッパ市場において両社の企業合併は、航空機産業において独占的優位性を発揮させるとして、許可されませんでした。これは、二〇〇一年七月の出来事でした（『2002米国経済白書』エコノミスト臨時増刊、二〇〇二年六月三日号、毎日新聞社、一一四ページ以下参照）。

Ⅲ　現代グローバリズムは何をめざすのか

1　多国籍企業と自由な投資システム

多国籍企業はどのような世界経済システムを理想とするのでしょうか。第二次世界大戦後のIMF・GATT体制では、多くの国が、貿易障壁を削減し、お互いが自由に貿易を行える多角的貿易システムが目指された点は既に述べました。企業が世界経済において自由に活動をするには、どのような条件が必要とされるのでしょうか。まず、ある国が外国企業へ対内投資の自由化を認めた場合、それは特定の国だけではなく、他の多くの国の企業へ認められなければならないでしょう。また、企業がその国へ進出してきた場合、外国企業ということで差別されてはなりません。こうした外国企業の自由な活動条件がすべてそろって、企業の世界的な投資活動が活発に行われることになります。国には様々な事情がありますから、もちろんこうしたシステムが完全に成立することはないでしょう。第二次世界大戦後、企業の海外進出活動を積極的にサポートするシステムは、どのようにしてできてきたのでしょうか。

自由な投資システムの揺籃期

第二次世界大戦後、世界経済システムが国際貿易の自由化に重点が置かれたことは明らかでした。ＧＡＴＴは、戦後国際貿易の多角的発展に大きな力を発揮しましたが、こと、国際投資に関しては、当然ながら何一つ条項を持っていませんでしたし、一九八〇年代のウルグアイ・ラウンドが開始されるまで、投資問題はまったく議論されることはありませんでした。それはなぜなのでしょうか。それは戦後の世界経済のシステムは、世界貿易を活発にする制度設計を基本的に考えたからで、国際的資本取引はまったく自由ということではありませんでした。一九四四年に設立されたＩＭＦにおいても、その事情は同じでした。ＩＭＦは、国際的支払を円滑にするために設立された機関でしたが、直接投資や証券投資に関しては、その自由化を積極的に進める機関ではもちろんありませんでした。そもそもＩＭＦ協定では、経常取引に関わる為替管理と資本規制は、別立てでとらえられていました。ＩＭＦ協定第八条は、経常取引に関わる為替制限を禁止したのですが、第六条において、この禁止条項は資本取引に関わる為替制限を含まないとしましたから、加盟国は、必要ならば、国際資本取引を制限することができました。いや、経済危機のときに資本逃避を防ぐには、国際資本取引はぜひとも制限されることが望まれたのです。

ＩＭＦと同時に設立された世界銀行はどうでしょうか。この機関は、途上国政府に資金を貸し付けて、インフラ整備を行うことに力を注ぎましたから、直接投資に関連はしているのですが、民間の直接投資を積極的に推し進める機関ではありませんでした。

戦後自由な投資システムの形成に積極的に関わった機関は、経済協力開発機構（ＯＥＣＤ）でした。ＯＥＣＤは、一九六一年九月、戦後マーシャル計画の実施機関として大きな役割を果たした、ヨーロッパ経済協力機構（ＯＥＥＣ）を改組して出来上がったものですが、当初から資本取引の自由化を掲げている点がＩＭＦと異なる点なのです。すなわち、ＯＥＣＤ自由化綱領は、一九六〇年一二月のＯＥＣＤ理事会において採択されたものですが、経常取引の自由化規約とともに資本移動の自由化規約を含んでいました。

資本移動の自由化コードは、一つは、貿易外経常取引に関する綱領で、海運、保険、投資収入などの項目の自由化に関するものですが、もう一つが、資本取引に関する綱領で、直接投資、証券投資などが自由化されるべきであると記されてあります。したがって、ＯＥＣＤ加盟国は、ＩＭＦの枠内で考えられる資本自由化をはるかに超えるレベルでの資本取引の自由化を求めることになるのでした。資本移動の自由化コードは、対外直接投資に関する自由化を一層進行させ、長期貸付資本移動の自由も認め、完全所有子会社や支店の設置のための投資活動の自由を認めるものでしたし、貿易外経常取引に関しては、利潤、配当、利子の支払に関する移動の自由を認め、さらに直接投資プロジェクトに関わる対外送金の自由化を実現するとしたのでした。

この時期に国際投資の自由化を多角的に進めることには無理がありましたから、いきおいその協定は二国間で進められることになります。米国には昔から、友好・通商・航海条約を二国間で進める伝統がありました。一七八八年、フランスとの間のその条約は有名ですが、もちろん、それは投資それ自体を含む条約ではありません。しかし、第二次世界大戦後は、友好・通商・航海条約において投資が中心的役割を果たすようになります。戦後、米国とヨーロッパは、共同でヨーロッパ再建に取り組むことになりますが、マーシャル計画における公的な経済援助に加えて、民間の外国資本をヨーロッパに呼び寄せることが復興をいち早く実現するためのまさに鍵となったのでした。したがって、米国はこの一九四〇年代終わりから五〇年代初めにかけてヨーロッパ政府といくつかの友好・通商・航海条約（ＦＣＮ）を結ぶことになります。

しかしこれら投資に関する条約の条項は、投資による企業設立の権限やその保護に関わるもののみだったのでした。したがって、より広範な投資に関する協定は、引き続く二国間の投資協定によって実現されることになりました。一九六〇年代から七〇年代にかけて、ドイツ、スイス、フランス、イギリス、オランダなどが次々と二国間投資協定を結ぶことになりますが、それらは多くが旧植民地諸国との間の協定であったことが注目されます。

一九五〇年代から六〇年代にかけては、多国籍企業と現地政府の関係は良好でした。この時期に米国の企業は、ヨーロッパに多数進出し、また発展途上国へも進出しました。第二次世界大戦後は、経済開発の進展、そしてまた、六〇年代を通じての高度経済成長が、企業の多国籍化とともに引き起こされていったのでした。企業の直接投資は、その受入国からは歓迎されましたし、また直接投資母国においては、貿易、雇用、技術への悪影響が問題とされない時期でもある幸福な時代だったといえましょう。

自由な投資システムの受難期

しかし、事態は一九七〇年代になると激変します。米国からの多くの企業の海外進出は、まず、多国籍企業の直接投資母国である当の米国から組織的労働者の批判を呼び起こすのでした。とりわけ、一九七三年から七四年の第一次石油危機をきっかけとするスタグフレーションが、米国経済に深刻な失業問題を引き起こしたからです。スタグフレーションとは、停滞（スタグネーション）と物価騰貴（インフレーション）から創り出した造語ですが、組織労働者にとっては、企業の多国籍化が、スタグフレーションにおける失業深刻化を作り出した張本人だと思えたのでした。一九七五年一二月一〇日、米国労働総同盟・産別会議（ＡＦＬ・ＣＩＯ）の法律部門責任者アンドルー・ビーミラーは、上院外交委員会多国籍企業小委員会の公聴会において、彼らの決断を次のような諸点からなる勧告としてまとめたと発言しました。「多国籍企業の海外活動を特別に有利にする税制を廃止すること。雇用、投資、生産性への多国籍企業の影響を詳細に計測する連邦による包括的な監視をすること。米国の最も先進的な生産設備、産業プラントの輸出を規制すること。米国資本および技術輸出の規制をすること。アメリカ人の雇用確保を助け、強力な産業基盤をもった経済として米国の未来を確実にするために輸入を規制すること。われわれは、米国議会がこれらの諸問題について取り組むべきまさしくそのときであると考える」(U. S. Congress, Senate, Committee on Foreign Relations, Hearings before the Subcommittee on Multinational Corporations, *Multinational Corporations and United States Foreign Policy* (Part 13), U. S. G. P. O., Washington, D. C., 1976, p. 88)。

この勧告は、いうまでもなく戦後ケインズ主義的な経済政策の延長線上にあります。つまり、米国企業は海外に進出することをやめ、自らの資本、技術、労働を駆使して、積極的に輸出に励むべきであると勧告したからにほかなりません。国民経済の枠組みをしっかりと保持し、国際貿易を積極的に展開することによって、各国の経済成長を実現し、雇用の安定を図ることが、戦後ケインズ主義の基本だったことを読者の皆さんは思い出してください。しかし、こうした組織労働者側からの批判もむなしく、米国企業は多国籍化の一途を辿り、米国経済の産業空洞化は、マクロ的な生産能力、ひいては輸出能力の十分な発展を実現することができず、今日に至るまで、米貿易赤字が継続的に引き起こされてしまったことは、今や明らかです。

この時期は、以上のような多国籍企業の母国からの批判のみならず、その受入国からも批判の声が聞かれたことはここで注目しておく必要があるでしょう。しかもその批判は、多国籍企業母国の組織労働者の要求と同じ次元ではなく、戦後ケインズ主義的世界経済システムへの批判も含まれていたのでした。つまり、戦後の世界経済システムは、先進資本主義諸国同士の経済発展を国際貿易の相互進展によって実現しようとしており、しょせん発展途上国の経済的発展などその蚊帳の外であったというわけなのです。

こうした批判は、国際連合において、具体的な行動となって現われました。発展途上諸国が中心となって、一九七四年五月、二つの国連総会決議がなされます。第一の決議は、新国際経済秩序を確立するための宣言でした。新国際経済秩序とは、いまとなってはあまり聴き慣れない言葉となりましたが、ＮＩＥＯ、すなわちニュー・インターナショナル・エコノミック・オーダーといわれ、先進国と開発途上国との経済ギャップの縮減には、戦後ＩＭＦ・ＧＡＴＴ体制に代わる新しい国際経済秩序が必要とされたのでした。なぜなら、戦後ＩＭＦ・ＧＡＴＴ体制は、ケインズ主義的な財政・金融政策によって、経済成長を実現するというものでしたが、この政策は、高度に資本主義が発展している経済諸国における政策であり、発展途上にある諸国を意識的に引き上げるという政策ではなかったからでした。

こうして、第二の決議として、この新国際経済秩序を達成するために必要な具体的行動が要請されることになります。いくつかその要請を列挙してみますと次のようなものでした。途上国の輸出収入を確保するために価格安定化メカニズムを構築すること：負債の軽減、援助の増額、先進国資本市場へのアクセスの改善のため国際的金融改革を実施すること：途上国の技術基盤を強化するために先進国に援助を求めること：発展途上国間の貿易と協力を強化すること：外国資本によって国民的発展を図るため、規制を多国籍企業にかけ、利潤の母国送金へ限度を設けること：途上国の天然資源の恒久主権の実現のため国有化を必要とすること：そしてその補償に関しては、現地の裁判所によるというカルボ原則を是認することなどだったのです。

これらの要求は、いずれも、発展途上国の自立的経済展開を実現させることを狙っていることがわかります。この時期の多国籍企業に関する規制は、その多くが国際連合の組織を通じて行われました。国際連合経済社会理事会（UN Economic and Social Council）は、事務総長に多国籍企業の国際活動について勧告する賢人会議の創設を要請し、二〇名からなるこの会議は、一九七四年六月、多国籍企業に批判的な二つの勧告からなる報告をまとめます。その第一が、超国籍企業について永続的な新たな委員会を創設することでした。この報告では、多国籍企業に代わって超国籍企業（transnational corporation）という言葉が使われましたが、それは国境を超えて活動するということをより強調するための表現だったのです。第二の勧告は、国連事務局に超国籍企業に関する情報・研究センターを創設し、多国籍企業活動の行動規範を作成するため、途上国に技術サポートをしようとするものでした。

経済社会理事会は、一九七四年一二月、超国籍企業委員会と超国籍企業センターを設置しましたが、四八人の多くはいうまでもなく途上国から選出された人たちでした。これらの機関の設立目的は、多国籍企業活動の本質とその影響について理解を深め、自国の経済発展に資する多国籍企業との効果的な国際協定を結ぶことでしたが、受入国政府に多国籍企業との交渉力を強化させることも目指されたのでした。また、超国籍企業センターには特別に諸任務が与えられ、なかでも最も重視されたのが、超国籍企業の行動規範を作ることでした。この行動規範は、もちろん強制されるものではありませんでしたが、国際機関の権限による倫理的説得の手段となって、一般の支持を得ることが目指されたのでした。

一九七〇年代前半は、多国籍企業批判が続出した時代でした。けれども、途上国が国際連合の多数を占めてはいたものの、多国籍企業の規制の行動規範は、先進国の同意を得られなければ、成立するものではありませんでした。超国籍企業委員会は、行動規範について政府間の作業委員会を設置し、草稿作成の準備に取り掛かりましたが、結局実現はできませんでした。なぜかといいますと、時代が進むにつれ、多国籍企業の行動規制を柱とする新しい国際経済秩序を楽観的に展望できる時代ではなくなってきたからでした。途上国の交渉力はアップし、石油危機が引き起こされるまでになりましたし、新興工業諸国の中には自ら多国籍企業を創出する国も現われるまでになりました。東アジアでは、韓国・台湾・香港・シンガポールのいわゆるアジアＮＩＥＳが、外資を導入することで発展しましたし、中国がその列に加わり、改革開放路線を一九七九年頃からとりはじめ、発展途上国同士の利害が一致しないという状況となってきたのです。多国籍企業の規制による新国際経済秩序の形成という路線は、時代の要請に合致しなくなってきたといえましょう。

自由な投資システムの形成期

一九七〇年代は、多国籍企業の規制が試みられた時代でしたが、一九八〇年代から九〇年代となると多国籍企業活動の自由化が進展し、自由な投資システムのグローバルな形成が様々なレベルにおいて取り組み始められます。

多くの発展途上国政府は、直接投資に敵対的な態度をとっていましたが、一九八〇年代から九〇年代にかけて、多くの経済セクターにおいて外国人所有比率の自由化が行われ、直接投資認可のプロセスが簡素化されることになります。例えば、インドでは、一九九一年に自由化が開始されます。三四の産業分野において、五一％までの外国人所有比率が自動的に承認されましたし、直接投資に関わる技術移転、ライセンス協定などの規制が次々と自由化されました。一九九三年には、外国人所有企業の内国民待遇が確定され、インド企業と差別なく外国企業も営業が可能となったのです。インド独立以来はじめての経済自由化政策の実行となりました。

多くの途上国の自由化は、一九九一年一二月ソ連邦の消滅が大きく影響していたことは否定できないでしょう。中央集権的な経済システムに代わって市場経済が取って代わる大きな激動期を世界経済は迎えることになったといえましょう。もっとも、この自由化もすべての産業において一様に進展したというわけではありません。金融部門の自由化が比較的遅くなったのに対して、かつてその多くが国有部門だった鉱業やインフラストラクチャー部門においては、民営化が実施されるのと同時に外国企業にもその所有権が認められるようになったのでした。

地域レベルの投資の自由化において、米国多国籍企業は、カナダ、メキシコ間の貿易と投資の自由化を求め、それは一九九四年一月、北米自由貿易協定（ＮＡＦＴＡ）となって実現しました。

この協定は、一九八九年に成立していた米国・カナダ自由貿易協定（USA–Canada Free Trade Agreement）を発展させたものでした。NAFTAの特徴は、重要産業において厳格な地域内調達比率が定められており、サービス貿易の自由化、知的財産権に関する規則など、域内企業の競争力の強化が意識的に図られている点にあるといえましょう。協定第一章では、NAFTAの目的が述べられていますが、そこには次の六点が明示されています。第一に商品・サービスの貿易障壁を撤廃し、国境を超えた移動を促進すること、第二に公正な競争条件を促進すること、第三に投資機会を促進すること、第四に知的財産権の保護を行うこと、第五に紛争手続きを確立すること、第六に協定の拡大・強化のために三国間・地域間・多国間の枠組みを確立することなのです。

米国・カナダ・メキシコの地域内に関する投資の自由化においては、地域内調達比率規制が、とりわけ外国企業を差別し、事実上米国企業に有利に働くシステムとなっています。例えば、日本のトヨタが米国に子会社を作り、自動車生産の組み立てを開始したとしてみましょう。トヨタが自動車の組み立てのために部品を日本のメーカーから輸入したとしますと、その関税に関しては、当然ながら米国のルールに従わなければなりません。もし、免税措置を受けたいと思うならば、自動車の生産工程において、六二・五％の地域内調達比率、すなわち、リージョナル・コンテント比率が要求されるのです。もともと、米国を本拠地とするゼネラル・モーターズは、地域内調達比率をクリアーしているのは当然ですから、日本企業トヨタとの競争で有利になるのは明らかなことといえましょう。

世界貿易機関の成立と自由な投資システム

すでに述べましたが、戦後国際貿易システム形成の制度的な基軸となったＧＡＴＴでは、貿易問題での紛争では大いにその力を発揮したのですが、こと国際投資問題に関しては、その管轄外でもあり無関心でした。一九四八年から一九九四年まで、二〇〇を超える貿易紛争事件があったにもかかわらず、投資紛争は、米国がカナダの国内供給業者を優遇するカナダ政府の政策を訴えた事件のただ一つであったといわれます。けれども、米国政府は、長年にわたって、国際投資問題をＧＡＴＴの議題に挙げることを要求し続けました。こうした米国側の要求にもかかわらず、発展途上国は、直接投資問題をＧＡＴＴの議題にすることには反対しましたし、他の先進国も高い関心は示さず、一九七三年から七九年にかけてのＧＡＴＴ東京ラウンドでは、議題となりませんでした。いうまでもなく、一九七〇年代は多国籍企業活動への批判的な論調が多く、自由な投資システムの受難時期に当たっていたからといえましょう。

しかしながら、その後、米国多国籍企業は直接投資政策とサービス貿易の自由化を目指して、米国政府へ積極的なロビーングを行い、一九八六年九月にウルグアイで開始されたＧＡＴＴ体制下での多角的通商交渉、いわゆるウルグアイ・ラウンドの交渉議題に持ち込むことに成功します。その後七年の歳月を経て、九三年末に実質的合意に達し、モロッコのマラケッシュにおいて、最終文書の採択がなされました。ウルグアイ・ラウンドは、一九九五年一月一日に効力を発揮することになりますが、従来のGATT交渉と異なっていたのは、この交渉の結果、新たに世界貿易機関（WTO）が設立されることになったからでした。

WTOは、いうまでもなく関税や非関税障壁の削減を目的とする貿易機関なのですが、多国籍企業の投資行動に関わるルール作りにおいても大いに前進をもたらしたのでした。以下では、WTOにおける「貿易に関連する投資措置に関する協定」（TRIMs : Trade Related Investment Measures）、「サービス貿易に関する一般協定」（GATS : General Agreement on Trade in Services）、ならびに「知的財産権の貿易的側面に関する協定」（TRIPs : Trade Related Intellectual Property Rights）が今日の多国籍企業の資本自由化要求といかに関わるのかについて論じてみましょう。

世界的な資本の自由化においては、貿易との関係で一定のルール作りが要求されました。これが、「貿易に関連する投資措置に関する協定」すなわちTRIMs協定となりました。TRIMs協定では、すべての国において、対内投資の完全自由化が実現されたわけではなく、また、外資系企業に現地企業と同じ条件で活動できるという内国民待遇が与えられたわけでもありませんが、財の製造および販売に関わって、企業の直接投資に適用される次の三点が禁止条項として取り決められました。

その第一にあげられた現地政府による禁止行為ですが、外資系企業に現地生産品の購入・使用を要求することがあります。すなわちこれは、原産地規則を外資系企業に要求することですが、これを禁じたものですから、外資系企業は、その都合によって、どこからでも必要な生産物を取り寄せることができることになります。外資系企業が、部品などを輸入に頼れば、ホスト国の外貨を使うことによる不都合から、原産地規則が定められたわけですが、この禁止によって、外資系企業の活動は自由になります。第二に、外資系企業に輸出と輸入のバランスをとることを要求することがあります。このバランスは、外資系企業に輸出輸入のバランスをとらせ、外資系企業の貿易活動がホスト国の外貨事情に影響を与えないようにとする配慮から要求されるわけですが、この禁止によって、外資系企業は、そのバランスを考えないで自由に活動ができることになります。そして第三に、外資系企業の獲得外貨を規制し、為替制限によって輸入を制限することがあります。この規制もホスト国の外貨事情を考慮し、外資系企業の輸入によって、ホスト国の外貨不足を防ぐためのものでしたが、この禁止によって、外資系企業の輸入は自由となり、その活動制限はなくなります。これらの禁止措置は、先進国では、WTO発効後二年以内、途上国では五年以内、後発途上国では七年以内に導入が義務づけられました。こうして、WTOにおけるTRIMs協定では、直接投資の完全自由化とまではいかなかったものの、WTO加盟国を直接投資の自由化へと大きく踏み出させたのでした。

GATSにおいては、サービス貿易の自由化が取り決められました。GATTには、サービス貿易についての取り決めは存在しませんでした。サービスとは、政府機能によって供給されるサービスを除くあらゆるセクターのあらゆるサービスを含むとありますが、具体的には、①業務サービス、②通信、③建設・エンジニアリング、④流通、⑤教育、⑥環境、⑦金融、⑧保険、⑨観光・旅行、⑩娯楽・文化・スポーツ、⑪運輸の一一分野のサービスをいいます。これらサービスを供給の仕方によって四つのモードに分けるとＧＡＴＳでは述べられました。第一モードは、情報・データの伝送に見られるように、サービスが国境を超えて供給消費される場合をいいます。第二モードは、海外旅行に見られるように消費者が国境を超えてサービス供給を受ける場合をいいます。第三モードは、金融、保険にみられるように供給拠点が越境立地し、他国において業を営む場合をいいます。そして、第四モードは、弁護士あるいはエンジニアが仕事のため一時的に越境してサービスを供給する場合をいいます。

これらサービス分野は、国際貿易として新しい分野を多く含みます。従来国家管理が厳しかった通信、すなわちテレコミュニケーション産業などはその例で、米国は、国際競争力からして、是が非でも規制緩和と貿易の自由化を実現することを望んでいました。米国は、自国のテレコム企業の海外での市場アクセスと内国民待遇を確保し、参加国における競争促進的な規制原則によって合意に至ることを目標としました。また、第三モードに典型的に示されていますように、金融業や保険業によるサービスの供給は、その供給者が他の加盟国の領土内の商業的プレゼンスによって行わなければなりませんから、サービス貿易の自由化とは、必然的に直接投資の自由化を伴わなければ意味がありません。この商業的プレゼンスとは、サービス供給を目的として、加盟国内の領土において、法人の設立・獲得・維持、あるいは支店や代理店の創設・維持を通じて行う、すべてのビジネスや専門的事業所のことを意味するのです。

TRIPs協定では、貿易に関連する知的財産権の保護が取り決められました。サービス貿易と同じく、内国民待遇、最恵国待遇の原則が規定されましたが、この協定では、知的財産権の権利保持者に対して適用実施されます。また、保護されるべき知的財産を七つ設定し、それぞれ保護されるべきレベルを規定したのでした。①著作権・著作隣接権、②商標権、③地理的表示、④意匠権、⑤特許権、⑥半導体集積回路（IC）配置設計図、⑦非公開情報、これら七つでした。

しかし、TRIPs協定は、なぜ直接投資と関連するのでしょうか。それは、企業の直接投資計画においては親会社とその海外関連会社の間において、国際的技術移転が関係してくるからにほかなりません。その移転される技術の多くは、著作権、商標権、あるいは特許によって保護されています。本国親会社と知的財産権に関する海外関連会社とのライセンス協定は、多国籍企業によってよく使われている手段なのです。したがって、TRIPs協定による知的財産権保護は、ハイテク多国籍企業が、直接投資をする場合に必要不可欠な条件となるというわけです。

2　米国型金融システムと金融不安定性

米国型金融システムとは何か

米国における金融システムは、どのような特徴をもっているのでしょうか。ここでまとめて論じておくことにしましょう。

ひとことで言って、米国型金融システムとは、金融資産の流通市場が発達し、資金調達が基本的には株式市場を通じて行われている金融システムだということができるでしょう。この米国型金融システムは、短期に経済成長を実現させるには大変都合のいいシステムということができます。

二〇〇一年の大統領経済諮問委員会報告は、米国型金融システムを誇らしげに次のように述べたものです。「わが国におけるベンチャー・キャピタルを含むエクイティー・ファイナンスの広範な利用可能性は、事業創出を促進し、新しいテクノロジーの開発を促進する。対比的に、日本といくつかのヨーロッパ諸国では、銀行と他の大金融機関が大部分の企業金融を提供し、いくらかの企業株式を保有し、そして通常企業支配の手段を行使する」（『2001米国経済白書』エコノミスト臨時増刊、毎日新聞社、二〇〇一年六月四日、一三七ページ）。すなわち、米国の金融システムは、株式市場中心の直接金融であり、事業創出、新しい技術の開発などに適しているのに対して、日本やヨーロッパの金融システムは、銀行中心の間接金融であり、企業株式の保有とともに企業支配が行いやすいシステムであるというわけです。したがって、この二つのシステムの違いは、経済に異なったインセンティブを作り出すといいます。「銀行貸付の収益は金利によって制限される。他方、株式投資の収益は利潤及びキャピタルゲインによって決定される。これは、銀行貸付を低リスク活動の金融に適したものにし、他方、株式ベース型システムは、期待収益が高いけれども不確実な活動へより大きな資本投資を生じさせる可能性をもっている」（同上訳書、一三七ページ）ということになります。

ところで、米国における金融システムは、昔から株式市場が中心で、商業銀行などは、大きな役割を果たしてこなかったのでしょうか。もちろんそうではありません。一七八八年に制定された合衆国憲法によれば、各州が連邦政府に移譲している経済政策上の主たる権限は、統一的な通貨の制定と国際貿易および州際通商の規制のみであって、銀行の規制は州の権限であるとする反連邦主義の力が歴史的に強くありました。したがって、預金金融機関については、二元制度がとられ、州法に基づく州法銀行と一八六四年国法銀行法に基づいて国法銀行が、連邦政府の権限のもとに存在するという特異なものでした。この反連邦主義は、米国における中央銀行の設立も遅らせることになります。連邦準備制度は、一九一三年に連邦準備法によって設立されますが、全国を一二の連銀区に分け、それぞれに連邦準備銀行を置くというものであり、しかも、国法銀行は連邦準備制度に加盟しなければならないとしながらも、州法銀行の加盟は任意としたのでした。また、連邦準備銀行の監督・調整機関として連邦準備局を設置しましたが、その後一九三五年の銀行法によって連邦準備制度理事会（ＦＲＢ）に再編され、今日に至っています。さらに、一九二七年のマクファデン法によって、米国の商業銀行は、本店のある州のほかには支店を設置することが禁止され、単一銀行制度として営業が行われるという特異な存在となっています。もっとも、州法によって州際業務が認められるところから、州をまたがって銀行は設立が可能であり、現在では、単一銀行の数は少なくなってはいるのです。

こうした事情からか、米国における商業銀行は、家計や中小企業を対象とするローカルな取引を担う金融機関という性格が歴史的に形成されてきたということがいえそうです。単一銀行制度の下では、コルレス関係（他銀行との取引関係）によって連邦レベルの全国的な取引が行われたわけですが、そんな理由からか、日本のようなメインバンク・システムによって商業銀行が企業金融の中心的な役割を果たすことは、米国の場合、そもそもなかったといってよさそうです。

しかし、一九三〇年代には、米国の商業銀行は、投資関連会社と結託し、株式投機に大きな役割を演じたことが指摘されています。ケインズは、彼の主著『雇用・利子および貨幣の一般理論』において、次のように論じたことがあります。「世界における最大の投資市場であるニューヨークにおいては、投機の支配力は巨大なものである。金融界の外部においてすら、アメリカ人は平均的意見がなにを平均的であると信じているかを発見することに不当に関心を寄せる傾向がある。この国民的な弱点は株式市場の上にその因果応報を現している。アメリカ人は、多くのイギリス人が今なおやっているように、「所得のために」投資するということは稀であって、資本の価値騰貴の望みのない限り投資物件をおいそれとは買おうとはしないといわれる。このことは次のことを別の言葉で表現したまでのものである。すなわち、アメリカ人は投資物件を買う場合、その予想収益よりもむしろ評価の慣行的基礎の有利な変化に対して望みをかけており、アメリカ人は上述の意味における投機家である、ということがそれである」（ケインズ著、前掲訳書、一五七ページ)。つまり、アメリカ人は、株式投資を行なう場合、その企業の業績等から将来的な予想収益を考えて行うのではなく、投資物件の価値騰貴によるキャピタルゲインを目的に株式投資を行っているというのです。ケインズのこの批判的ことばは、いうまでもなく、一九二〇年代、米国経済の株式ブームとその崩壊を目の当たりにして出されたのです。

米国は、その後、民主党ローズヴェルト政権になり、財務長官ヘンリー・モーゲンソーの指揮のもとに財務省を軸とするケインズ主義的金融システムの構築に取り組み成功します。まさしく、ニューディール政策の目的は、金融資本を「経済の主人」から「経済の召使」へと貶めることだったのです(Richard N. Gardner, *Sterling–Dollar Diplomacy, The Origins of Our International Economic Order*, McGraw Hill Book Company, New York, 1969, p. 76)。それは、一九三三年、グラス・スティガール法となり、また、一九三五年銀行法となって実行されたのでした。

すなわち、前者は、商業銀行と投資関連会社を切り離し、株式投機に商業銀行が貸付を通じて直接関わることを禁止しました。後者は、通貨信用の中央集権的管理を強めるため、既述のように連邦準備局を連邦準備制度理事会に再編しました。この再編によって、財務省と連邦準備制度とが経済運営にあたって密接な協調関係を実現すると謳われましたが、内実は、財務省のケインズ的財政政策に連邦準備制度が追随することを意味したのでした。こうして、戦後米国経済は、ニューディール体制の延長線上に順調に進行し、金融危機などとは無縁の経済の持続的成長が可能と思われたのです。

しかし、ケインズがかつて指摘した「アメリカ人気質」は、決して死んではいなかったのです。本節冒頭に述べたように、株式ベース型の米国金融システムが、現代によみがえることになったのでした。この株式市場中心の米国型金融システムは、一九八〇年代以降急速に米国経済において影響を持ち始めることが指摘されなければなりません。なぜなら、一九六〇年代、七〇年代を通して資本資産価格を表す株式市場価格は、景気変動とともに上下動を繰り返しましたが、全体の水準は一定であり、決して変わる事はなかったからです。しかし、一九八〇年代以降とりわけ一九九〇年代後半以降のその水準は、急速に上昇し、経済実体に対する比重を高めることになったのでした。ここで、その実態について述べて見ることにしましょう。

一九六五年のダウジョーンズ工業株の平均価格は、九一〇・八八ドルでしたが、一九七九年においては、八四四・四〇ドルでした。その間、消費者物価指数は、一・三倍、実質GDPは、六二・二%の上昇でしたから、経済実体にたいして資本資産価格の比重はむしろ低下したといってよいでしょう。けれども、一九八〇年のダウジョーンズ工業株の平均価格は、八九一・四一ドルでしたが、二〇〇〇年にその価格は、一万七三四・九〇ドル、実に一一・〇四倍を記録したのでした。その間、消費者物価指数は、一・〇九倍、実質GDPは、八七・五%の上昇にしか過ぎませんでした。ここから分かりますように資産価格の動きが経済実体に与える影響は、前と比較すると格段に上昇したことになります。

したがって、この時期の資本資産価格の急上昇が、企業の投資活動に積極的影響を与えたことは否定できません。企業の投資活動の活発化は、内部資金のみではその資金調達を賄うことができずに、外部資金に依存する比率を高めていくことになります。ここでその状況について若干の数値を示しておくことにしましょう。

一九九五年から二〇〇〇年にかけて非農業・非金融の企業部門は、総額四兆四六五六億ドルの投資活動を行いました。そのうち内部資金を超えて外部資金に依存した金額は、四六四一億ドル、外部資金の比率は一〇・四％でした。一九九五年から二〇〇一年初頭にかけて企業負債は年率九％で上昇しましたが、これは同時期の名目ＧＤＰ年上昇率六・二五％を上回る数値でした。したがって、企業部門のＧＤＰに対する企業負債の比率は、一九八〇年代初頭の四〇％水準から二〇〇一年初頭には六一％に上昇を示しました。その企業の外部資金においてもっとも高い比率を占めたのは、社債発行による資金調達だったことは、注目されてしかるべきでしょう。なぜなら、米国企業は、この時期、企業買収に関わり六六三〇億ドルもの自社株買戻しを行い、ネットでの株式発行額を四二一七億ドルものマイナスを記録させたからでした。この自社株買戻しによる株式発行の減少は、明確に企業の株式価格の上昇を狙う戦略から出たものと判断してよいでしょう。なぜなら、発行株式の減少によって、企業の一株あたりの収益を増大させ、将来にわたっての株式配当の増大を期待させ、株式投資家の積極買いを誘う戦略だったからです。事実、米国のダウジョーンズ工業株価格は、一九九〇年代後半に急上昇を示すことになったのでした。

銀行貸付の証券化と商業銀行

米国型金融システムが形成されるにつれ、商業銀行の収益性は悪化の一途を辿ったことは大いに予想されるところでしょう。日本でいう証券会社に相当する投資銀行が利付き金融勘定を設定し、商業銀行から預金を奪う、いわゆるディスインターミディエイションが一九七〇年代末に引き起こされ、さらには企業が銀行貸付に頼るのではなく、コマーシャル・ペーパーの発行によって、資本市場から直接的に資金を調達するに及んで、にわかに金融の自由化が叫ばれることになってきます。なぜなら、預金を投資銀行にとられてしまうことは、商業銀行の営業上の危機を意味するからにほかなりません。ディスインターミディエイションとは、言葉通り訳せば非仲介化ということですが、金融が金融仲介機関である商業銀行において行われなくなるとすれば大変です。

一九三〇年代から行われてきた金融規制を撤廃する金融の規制緩和政策が、一九八〇年代になると矢継ぎ早に出され、貯蓄金融機関の手枷足枷を取り払う制度改正がなされることになります。それは、金利の上限規制の撤廃と資産運用範囲あるいは金融機関の営業範囲の拡大を意味します。この一九八〇年代に進行した金融自由化は、貯蓄金融機関のあまりにも無謀な融資活動を引き起こし、一九八〇年代末には貯蓄貸付組合（S＆L）の危機に発展し、商業銀行も大々的に破産の憂き目に遭うのですが、連邦預金保険公社の資金が底をつき公的資金の導入という事態にまで立ち至ります。連邦預金保険公社とは、大恐慌のときに銀行破産から取り付けが起こり、預金者に多大な犠牲を強いたということの反省から、預金に保険をかけ、万が一銀行が破産にあう場合、預金者にその預金を返済できる仕組みを構築したのでした。

この連邦預金保険公社の資金が底をついたというのですから、この時期の金融危機の大きさに驚かされますが、こうして、一九九一年一二月、連邦預金保険公社改善法（FDICIA：The Federal Deposit Insurance Corporation Improvement Act）が成立することとなります。この法律は、預金保険制度の再構築が目的でしたが、とりわけ注目されたのは、銀行への新しい自己資本比率規制の実施でした。

自己資本比率とは、銀行の自己資本をその資産で割った値のことです。この比率が低いということは、銀行の自己資本に対して資産が多いということですから、銀行は少額の自己資本で多くの貸付を行っていることになります。したがって、経営効率からいうと大変結構なことになりますが、不良債権が発生したりすると自己資本が少額ですから、銀行の経営危機を誘発することにもなりかねません。したがって、国際決済銀行においては、自己資本比率八％以上を国際業務を営む銀行の最低基準としています。この連邦預金保険公社改善法は、自己資本に基づき銀行を五つの類型に分類し、自己資本が充実した銀行を自己資本比率一〇％以上とし、自己資本比率の高い銀行には、特別に証券業などの新業務を認めるなどの措置がとられたのでした。銀行危機のひとつの要因にあまりにも高いレヴァレッジ（自己資本比率の逆数）があり、これを規制しなければならないがために自己資本比率規制の強化となったのでした。

かくして、この制度変更は、証券市場を基軸とする米国型金融システムのより一層の発展に米国商業銀行が深く関わっていくきっかけとなっていくのでした。金融当局が商業銀行へのレヴァレッジ規制へと踏み出し、一九九〇年代において米国商業銀行は決定的な質的変化を遂げ、一九九九年グラム＝リーチ＝ブライリー法成立の現実的基盤を形成していくことになります。すなわち、それは銀行貸付の転売・証券化と非金利収入に依存するオフ・バランス取引の拡大でした。

ここで、聴き慣れない銀行貸付の転売について、まず説明をしておきましょう。一般に、商業銀行は一旦貸し付ければ返済が全部終了するまで債権を帳簿に置いておきますが、銀行貸付の転売とは、その貸付債権を一定の手数料を取って投資家に売り払うことをいいます。規制当局は、商業銀行が自己資本比率の上昇を図ることを半ば強制するのですが、そのために、多くの銀行は、自己資本を充実させるより、貸付債権を一定の手数料を取って転売し、自己資本比率を向上させたほうがいいと考えるのです。ここで銀行貸付の転売について、一例をローン・サブパティシペーションという仕組みについてとり、説明することにしましょう。

まず、A行がX社に一億ドルの貸付を金利一〇%、支払期限一〇年で行なったとしましょう。そして、A行が一億ドルの貸付のうち八〇〇〇万ドルを金利九・五%で、B行、C行、D行、E行の四社にそれぞれ二〇〇〇万ドルずつ売り払うことでローンのサブパティシペーションが始まります。X社では、A行から一億ドルを借入している点には変わりなく一億ドルの借入分の元利をA行に支払いますし、会計処理もこのとおりに行われます。A行では、X社に対する貸付債権は、一億ドルのうち八〇〇〇万ドルを売り払いましたから、八〇〇〇万ドルの現金を獲得すると同時に二〇〇〇万ドルに債権は減少します。A行は、この二〇〇〇万ドル分について一〇%の金利を獲得できますが、転売した八〇〇〇万ドル分について、〇・五%に当たる手数料収入が生じるのです。八〇〇〇万ドル分売り払いましたが、このことによって、貸借関係がX社とB行・C行・D行・E行へと、拡大するわけではありません。あくまで、A行がX社との貸借関係をとりしきり、したがって一〇年間にわたって、A行は〇・五%の手数料をとって、B、C、D、E行には金利九・五%を支払うことになります。このことによって、A行は、融資総額を減少させて自己資本の充実がないにもかかわらず、自己資本比率の上昇を実現することができるのです。銀行貸付の転売によって、金利一〇%に代わる手数料〇・五%が入りますし、現金が入ることによって銀行の流動性も高まることになります。

それでは、銀行貸付の証券化とは、どのようなものなのでしょうか。ここでは、歴史的にずいぶん昔からあるモーゲージ担保証券市場について説明することにしましょう。モーゲージとは、住宅・商業・農業用不動産を担保とする貸付債権を有価証券化したものをいいます。当然そのモーゲージは、住宅を購入した人が融資を受ける際にその住宅を担保として差し出したものが有価証券化したものをいいますから、モーゲージは、本来融資を行った金融機関が保有します。しかし、米国では、このモーゲージを買い取る機関、連邦住宅抵当公社（FNMA：Federal National Mortgage Association, 通称 Fannie Mae）が一九三八年に設立され、その買い取りが行われることになりました。もちろん、この買い取りが盛んになったのは、一九七〇年代以降のことですが、この Fannie Mae は、買い取ったモーゲージをプールし、見返りにモーゲージ担保証券を発行し、売りさばくことにするのです。この売りさばきは、ウォールストリートの大手投資銀行が、その担保証券を引き受け行うことになります。したがって、証券の大口の購入者のなかには、最大級の年金基金や保険会社が含まれ、米国の住宅金融は、いまや地方の小規模な金融市場から抜け出し、米国の巨大な証券市場の一角に組み込まれることになったのです。住宅金融を実際に行う金融機関は、地元で、住宅販売や元利の取立てその他の金融業務に関わらなければなりませんが、モーゲージ担保証券を購入した最終投資家は、何らそうした業務に煩わされることはありません。

こうした、ローンの証券化は、米国では、住宅ローンに典型的にみてとることができますが、自動車ローン、中小企業庁の貸付、コンピュータやトラックのリースなどなど、極論すれば、事実上すべての貸付から生じる債権を証券化する現象が起こっています。従来、商業銀行は、預金金利と貸付金利から生じる利ざや収入によってビジネスを行っていました。しかし、現在では、手数料収入が極めて大きな割合を占めるに至りました。一九九九年末において、すでに米国商業銀行全収入のなんと四三%は、非金利型の収入によって占められているというのです。非金利型手数料とは、クレジット・カード手数料、モーゲージ・サービスやリファイナンス手数料、ミューチャル・ファンド販売サービス手数料、証券化された貸付から生じる手数料があり、消費者信用の証券化も急伸していることにみられるように、米国の商業銀行は、いよいよますます、証券化市場との関連を強くしているのです

サブプライム・ローン問題とは何か

二〇〇七年八月、世界的にサブプライム・ローンの不良債権化が注目され、にわかに金融危機が叫ばれることがありました。これは、以上の銀行貸付の証券化とどのような関連があるのでしょうか。サブプライム・ローンとは、クレジット・カードの支払ができずに延滞を繰り返すなど信用力の低い人や低所得者層を対象にした住宅ローンのことをいいます。融資残高は、二〇〇七年、推定で一兆三〇〇〇億ドル、住宅ローンの約一割を占めるといわれます。リスクが高いということで、もともと高く金利は設定されています。しかし、ローン会社は返済能力の低い人のためと称して、最初の二、三年は低額の返済額を設定し、その後、突如返済額を急上昇させるという、詐欺まがいの商法によって、貸付を拡大しました。その結果、支払不能・支払不履行者が続出、金融危機を引き起こしました。

ところで、なぜ二〇〇七年八月以降の時期に、しかも米国の金融問題のはずのサブプライム・ローン問題がヨーロッパや日本あるいは中国の金融機関を巻き込んで展開されたのでしょうか。ことは米国の住宅金融に関することですから、この問題は、既述のモーゲージ担保証券をめぐる銀行貸付の証券化の応用問題といえるでしょう。つまり事態はこういうことなのです。

一九九〇年代後半米国が「ニューエコノミー」などといわれ、株式価格の高騰が引き起こされたことはすでに述べました。しかし、二〇〇〇年第4四半期を境に米国株式市場に異変が起こります。二〇〇一年から二〇〇二年の夏にかけて、米国企業の不正会計・粉飾決算事件の多発によって、ダウジョーンズ工業株平均価格は、七〇〇〇ドル台に暴落するのです。このとき、米国経済を救ったのは、一九九〇年代から好調を続けた住宅市場であり、住宅投資だったのです。

二〇〇一年一月政権についたばかりのブッシュ大統領は、経済の落ち込みに対応すべく連銀による金融緩和政策を採り続けました。株価が大暴落したときも一層の金融緩和政策を採り懸命に証券市場の復活にかけたのでしたが、それによって好調を続けることができたのは、米国の住宅市場でした。金利水準の低さ、また株式市場の低落から、多くの人は、住宅投資を活発に行ったのです。住宅価格は上昇を続けましたし、低利の住宅ローンによって、住宅の買い替え、すなわち、リファイナンスが可能でした。なぜなら、住宅価格は上昇していましたから、以前住んだ住宅は高い価格で売れ、借金は返済し低利の住宅ローンに組みかえ、さらに大きな物件を買うことが可能だったのです。

しかし、事態は二〇〇三年ごろから変化し始めます。ブッシュ政権の執拗に展開された減税政策と金融緩和政策によってか、二〇〇三年中頃から米国経済は、本格的な景気上昇局面へと入っていきます。連銀は、従来の金融緩和政策から金融引き締め政策へと舵を切ります。金利が上昇し始め、さしもの住宅価格も頭打ちの状況となっていきます。低利の住宅ローンでリファイナンスを繰り返す時代は過去のものとなったのです。こうして、住宅市場は軟調の兆しを見せるのですが、貸付先に困った住宅金融会社などの金融機関は、リスクが高く従来見向きもしなかった低所得者へと貸付先を変更していくのです。

貸し付けられたサブプライム・ローンは、大手金融機関が買い取り、ローンを証券化し、傘下のサブプライム関連商品に投資する特定目的会社（ＳＩＶ）に販売します。サブプライム・ローン借り入れから二～三年間は、焦げ付きは発生しません。格付け会社は、大体が大手金融機関と結託していますから、トリプルＡなどという評価を行い、世界の投資機関へ大々的に販売を行うことが出来たというわけなのです。しかし、二～三年経てばサブプライム・ローンが焦げ付くことは明らかなことでした。二〇〇七年に問題が顕在化したのは、そういう理由だったわけです。欧米や日本も含め多くの金融機関が、サブプライム・ローンを組み込んだモーゲージ担保証券に多額の投資を行っていましたから、ローンの支払不履行から生じた金融危機は、世界的に波及したわけです。しかも、すでに述べたように、ローンの証券化は、住宅だけではありません。自動車や様々な耐久消費財も消費者ローンを組めば、米国の場合、大手金融機関によって証券化され、世界的に販売されていきます。米国型金融システムが抱えている金融不安定性を私たちは認識しなければならないといえましょう。

ケインズ的景気循環から新自由主義的景気循環へ

米国型金融システムの形成が、銀行貸付の証券化を引き起こし、二〇〇七年からグローバルに金融危機をもたらした制度的要因であったことはいまや明白です。ここでは、少々歴史をさかのぼりながら、米国型金融システムが本格的に形成される前の景気循環とそれ以降の景気循環を比較検討し、より根源的にその変化についてみてみることにしましょう。

戦後、一九六〇年代以降、米国経済においては、ケインズ主義的景気政策が、民主党政権の経済政策として定着しました。これは一般にケインズ主義的有効需要政策といわれるもので、財政金融政策の積極的採用によって完全雇用を目指し、実際のGDPを潜在的GDPに近づけようとする経済政策でした。わかりやすくいえば、需要の刺激によって生産を活発化させ、その時点で持っている生産能力をフルに稼動させるという政策といえましょう。しかもここで重要なことは、財政政策に金融政策は従うべきという考えがあったことでした。内需拡大により輸入増大を図り、国際貿易の発展によって、世界各国の経済繁栄は築くことができるとするケインズ主義がこの根底にあったと言い換えてもよいでしょう。金融政策が財政政策をサポートするというところから金融独自の行動は厳に慎まなければならないとされ、金融機関の業態規制や金利規制によって国内の金融システムは、統制されました。また、国際的には、貿易を軸とする経常収支取引が重視され、国際資本取引における投機的取引は、制度上厳に規制されたのでした。

しかしこのケインズ的システムに変化が現れます。それは一言で言いますと、虐げられた金融機関の現実経済への逆襲が開始されたといってよいでしょう。国際的には、経済の証券化を軸として、金融機関の業態規制や金利規制の撤廃が企図され、さらに国際的には、固定相場制から変動相場制への外国為替システムの変更をきっかけとして、国際資本取引の自由化が進み始めます。この経済構造の転換は、一九七〇年代から引き起こされ始めたのですが、新しい政策として世間の注目を引くのは、その末から八〇年代になってからだといえましょう。イギリス首相マーガレット・サッチャーによるサッチャリズム、米国では、ロナルド・レーガン大統領によるレーガノミックス、さらにわが国日本では、一九八二年に政権を樹立する中曽根首相による臨調行革路線がその新しい政策だったのです。

この経済政策こそ、大きな政府を排撃し、小さな政府を目指し、市場メカニズムを働かせることを重視する政策であって、重商主義を排撃し出現した一九世紀の自由主義に対比して、新自由主義と言われる経済政策につながるものでした。この新自由主義的経済政策の定着とともに、一九九〇年代になると、景気循環も従来のケインズ主義的景気循環から新自由主義的循環へと転換することになったのです。

この新自由主義的景気循環の特質を考える場合の重要な点は、金融資産の動向が景気循環を左右する事態になったことでしょう。これは、マクロ経済において金融資産の相対的比率が、ケインズ主義時代に比較して格段に上昇したことによるといっていいでしょう。金融資産においてまずあげなければならないのは、株式市場です。一九九一年から二〇〇五年にかけて、米国のＧＤ

Pは、五兆九九五九億ドルから一二兆四五五八億ドルへと二・〇八倍の伸びを示しましたが、ダウジョーンズ工業株平均は、同じ時期に二九二九・三三ドルから一万五四七・六七ドルへと三・六倍もの伸びを示したことに、マクロ経済に対する株式市場の相対的地位の上昇を見て取ることは容易です。さらに米国の場合、不動産の抵当権を担保にした貸付を証券化したモーゲージの動きが金融資産として重要です。このモーゲージは、一九六〇年、二〇七五億ドルだったのですが、一九七〇年には四四二三億ドルと二・一三倍の伸びを示しました。ところが、一九九〇年から二〇〇五年にかけては、三兆八〇七四億ドルから一二兆一四八七億ドルへと三・一九倍の伸びを示しているのです。

こうした資産価格の上昇が、個人の消費支出の力強い伸びの要因のひとつであったことが景気循環の特質を検討する場合、重要になります。一九八三年から一九九九年にかけて、株式を保有する米国の家計は、株式が上昇すると消費を拡大する傾向にあり、その一方で株式を保有しない家計では消費パターンに変化は見られなかったといいます。この傾向は、二〇〇〇年代においても継続しているといえます。なぜなら、この一五年間において消費支出は、可処分所得の伸びよりも速く伸びているということがいえるからです。その要因として、エネルギー費用の増加、資産の増加、失業率の低下があり、二〇〇六年には、個人の貯蓄率は、マイナス一・〇%になったというのです。しかも、貯蓄率がマイナスになったにもかかわらず米国民は、資産価格上昇による富をキャピタルゲインとして形成しているのです。

つまり、金融資産の肥大化は、従来、所得の変化に依存していた個人消費のパターンを変えてしまったといえるでしょう。かつて、ケインズ的景気循環が戦後米国経済の景気循環の特質だったときには、個人消費の上昇は、所得上昇ともっとも深い関係にありました。もちろん、今日においても所得と消費の関係は、断ち切られたわけではありませんが、所得と同時に個人の金融資産の増減が個人消費に大きな影響を与えるようになったといえるのです。いいかえれば、今日、米国経済の景気動向の把握において、資産価格の上昇・下落という要因がきわめて重要なファクターとして考慮されなければならないのです。ケインズ主義的景気循環から新自由主義的景気循環において、資産価格の上昇・下落が個人消費のパターンをかなり変化させたといえるのです。したがって、新自由主義的景気循環とは、金融資産価格の動向に、消費、投資などのフロー指標が決定的な影響をこうむる景気循環だということができるでしょう。

こうして、米国経済において、金融資産の肥大化が顕著になるにつれ、連邦準備制度理事会、すなわち、FRBによる金融政策が経済にあたえる影響が大きくなりました。二〇〇〇年第4四半期に絶頂を迎えた米国経済が景気後退に陥るときに、ブッシュ政権は懸命に金融緩和政策をとったことは既述のとおりですし、そのことによって住宅投資の落ち込みを防ぎ、逆にモーゲージ・リファイナンス、すなわち、住宅借り換えの一大ブームを作り出したことも既に述べました。その後やはり、金融政策の引き締め政策への転換によって、サブプライム・ローンの増大とその後の危機発生についても述べましたが、これを見てもわかるように、今日の米国経済において金融政策はきわめて重要な経済政策として実施されることになるのです。こうした事態が展開するのも、米国経済における金融資産の肥大化がもたらしたひとつの帰結ということができるでしょう。

それでは、従来ケインズ的景気循環において重要な役割を果たした財政政策、とりわけ連邦政府の自由裁量的財政政策は、まったく意味のない経済政策となってしまったのでしょうか。金融資産の肥大化とともに財政政策の役割が相対的に小さくなった事実は否定できないでしょう。ここ数十年の間、主流派経済学者は、自由裁量的財政政策の経済政策的効果を疑ってきました。もちろん、そうした経済政策思想の大転換が、主流派経済学者の間に広まったとしても、連邦財政支出のＧＤＰ対比を眺めると、一九七〇年代後半に二〇％を超え、一九八〇年代においてもその比率は減少することはありませんでした。一九九〇年代後半において、ようやく一八％台に縮小したのでしたが、ブッシュ政権期には、皮肉にも二〇％に到達したのでした。

ＧＤＰ対比で財政支出の大きさを見ると、ほぼ戦後を通じて財政支出が果たしたマクロ的な役割は変わっていないかに見えます。しかしながら、レーガン政権に始まり、ブッシュ（父）政権が引き継ぎ、一時、民主党のクリントン政権となって少々の変化がありましたが、二〇〇一年から政権についたブッシュ大統領にいたる新自由主義的経済政策下の財政政策は、かつてのケインズ的財政政策とは根本的に異なることに注意しなければなりません。なぜなら、ケインズ的有効需要政策としての財政政策ではなく、サプライサイドからいかに経済を強化するかという観点から財政政策、とりわけ減税政策が立案されているからにほかなりません。

ブッシュ政権は、二〇〇一年六月経済成長・税軽減調和法（EGTRA : Economic Growth and Tax Relief Reconciliation Act）を制定し、税に起因する長期的な経済成長を阻害する要因を取り除く作業に取り掛かりました。ブッシュ政権の税に対する基本的姿勢は、さまざまな目的を持った税制によって経済活動に歪みがもたらされているとするもので、恣意的な徴税制度はやめたほうがよく、徴税は少なければ少ないほどよいという考えでした。

また、二〇〇一年九月をきっかけに経済の弱体化を恐れた議会は、雇用創出・労働者支援法（JCWAA : Job Creation and Worker Assistance Act）を可決し、二〇〇二年三月はじめに経済成長の遅れと労働市場の回復の遅れに活を入れるべく大統領と議会は、雇用・成長税軽減調和法（JGTRRA : Jobs and Growth Tax Relief Reconciliation Act）を制定し、五月に実施に移されたのでした。この減税政策が、企業投資への強力なインセンティブを形成したことは否定できません。米国の景気拡大は、二〇〇三年の五月末に制定された減税法をきっかけに堅調な回復軌道へと乗り始めたからにほかなりません。

米国経済は、二〇〇四年には、「自立的に成熟を遂げ、確固たる産出の増大と労働市場の着実な改善を示した。有給雇用は、約二二〇万も増加し、年間では一九九〇年以来最大の伸びとなり、経済は〇四年の四つの四半期で三・七%の成長を示した」（『2005米国経済白書』エコノミスト臨時増刊、二〇〇五年五月二三日号、毎日新聞社、四四ページ）のでした。それは、ブッシュ政権の、減税効果のひとつの表れだったといえましょう。

3　国際金融不安定性の形成メカニズム

米国におけるサブプライム・ローン問題は、米国型金融システムが内包する金融不安定性を図らずも私たちに示しましたが、さらにその危機が世界的な問題として取り上げられ、対策もグローバルに立てられた点は、注目すべきでしょう。二〇〇七年一二月一二日、米欧の五つの中央銀行は、各国の金融市場に大量の資金を協調して供給すると発表しました。米連銀（ＦＲＢ）、欧州中央銀行（ＥＣＢ）、イングランド銀行（ＢＯＥ）、カナダ銀行、スイス国民銀行の五つの中央銀行が協調して行動することは極めて異例のことです。

米国はいまや国内だけではなく、グローバルに危機を引き起こす国になってしまったのですが、それはどうしてでしょうか。私たちは、米国に振り回される国際経済システムについて、次に検討しなければなりません。

「世界の銀行」としての米国

戦後国際通貨体制において、ドルを基軸とする固定相場制がとられ、第二次世界大戦後のドル不足の時期を経て、いわゆる「ドル危機」の時代を迎えることになった事情については、すでに述べました（第Ⅱ章第１節）。つまり、米国の経常収支は、この当時黒字でしたが、その黒字幅を大きく超える対外資本輸出を行ない続けたことが「ドル危機」につながったのでした。経常収支の黒字分を超える対外資本輸出は、米国にとって諸外国からの短期の借入、すなわち、諸外国にとっては短期ドル債権の蓄積となり、その債権が金交換を求めて殺到した結果、米国は、一九七一年八月一五日の金ドル交換停止に追い込まれたことになります。

しかし、この事態は、米国がドルで国際決済ができなくなるという意味でのドル危機ではありませんでした。この点を鋭く感じ取った著名な国際経済学者であるMIT教授、チャールズ・キンドルバーガーは、次のように言っています。「われわれは、一九五〇年代から六〇年代前半の米国は、不均衡状況に陥っているのではないと確信を持っていい続けてきた。米国は、国際金融仲介業に従事してきたのであり、長期で貸し、短期で借り、世界に流動性を供給してきたのだ。外国にドル・バランスが蓄積されたのは米国が経常収支赤字を出したからではなく、経常収支黒字を超えて外国に貸付・援助したからなのだ」(Charles P. Kindleberger, *International Capital Movements, Based on the Marshall Lectures given at the University of Cambridge 1985*, Cambridge University Press, Cambridge, p. 43)

短期借りによって確かに米国は短期の対外債務を蓄積するのですが、それ以上に米国は、外国に長期で貸しているので、対外純債権は確実に増加しているのです。具体的に、一九六三年の国際収支を見てみることにしましょう。

この年の経常収支は、財・サービス収支、投資所得収支、一方的移転収支（賠償・贈与などのように対価なしに行われる流動資産の一方的供与）あわせて四四億一四〇〇万ドルの黒字でした。けれども、米国は七二億七〇〇〇万ドルもの対外投資を行っていますので、差し引き二八億五六〇〇万ドルの対外的借入が必要になるという理屈です。もしこの借入がなかったならば、米国は対外的に貸付できないことになりますが、ドルは基軸通貨ですのでそういう事態は決して起こりえません。なぜなら、アメリカ人が海外に長期の投資を行う場合、米国に長期の対外債権が生じますが、それは外国への対外短期債務が自動的に同じ額だけ生じることになるからです。長期の投資を外国に行う場合、アメリカ人は、ドルを売って現地の通貨を獲得し、現地に工場を設立したり、営業活動をすることになります。したがって、米国には、現地通貨獲得分の債権が発生し、ドルを取得した外国人に対し、同額の対外短期債務が発生することになります。米国は、経常収支は黒字ですから、その黒字分、同額の対外短期債権が米国に自動的に生じることになり、経常収支黒字分を超えて、長期の投資が行われますので、外国への対外短期債務が米国の対外短期債権（経常収支黒字分）より多くなります。しかし、米国の外国への短期債務額から経常収支黒字分の対外短期債権額が差し引かれますと、米国の外国への短期の債務額は、米国の長期対外債権額より、経常収支黒字分だけ金額は、少なくなるという勘定になります。したがって、米国は、経常収支が黒字であれば、対外累積債権額の激減というようなストックにおける価値変動が起こり、対外累積債務額を下回るというような事態が起こらない限り、対外的に債務国に陥ることは絶対ありえません。

これが、米国が一九五〇年代から六〇年代にかけて作りだした「短期借・長期貸」の構造の意味ですから、米国が短期で借りたお金を長期で貸しているという性格のものではないのです。短期借りによって確かに短期の対外債務は増加するのですが、それ以上に長期貸しをしていますから米国の対外純債権はそれ以上に増加していきます。キンドルバーガーがいうように、米国は「世界の銀行」として振舞っているということができましょう。

「世界の投資銀行」としての米国

一九七一年八月一五日の金とドルとの交換停止、一九七三年固定相場制の崩壊、そして米国による国際的資本取引の自由化は、戦後の世界経済体制を崩壊させ、現代につながる新自由主義的世界経済体制の構築を目指した歴史的画期として位置づけることができると私は考えます。第二次世界大戦後、世界の経済体制は、金本位制を離れ、ドルを基軸とする管理通貨体制に入りました。この管理通貨体制は、国際貿易を活発にすることを目指し、経常取引の自由化と固定相場制を基軸として制度設計がなされました。したがって、ユーロダラーシステムの形成とともに、国際的資本取引の活発化がドルを基軸になされるようになると、戦後形成された管理通貨体制は崩壊し、世界体制は米国を中心として新たな段階に進んだと理解することができるでしょう。

世界経済における米国の役割という観点からみれば、それは、国際貿易を中心に形成されたドルを基軸とする「世界の銀行」から国際的資本取引を中心に形成されたドルを基軸とする「世界変動相場制への移行によって、国際収支上、どのような変化がもたらされたといえるのでしょうか。国際収支における資本取引の自由化は、固定相場制を維持することは、資本の流出入に対して為替相場を維持するために通貨当局は常に外国為替市場に介入せざるをえないからです。そうなると、国内のマネーサプライに多大なる影響が出ることが予想されますから、金融政策の自立性を保つことはできません。米国経済には、資本取引の自由化と変動相場制への移行によって、国際収支上、どのような変化がもたらされたといえるのでしょうか。その点まずいえることは、資本取引の自由化によって、金融（投資）勘定の取引額が年を経るごとに巨額化してきていることがいえるでしょう。

かつて、レーニンは、『帝国主義論』で次のように指摘したことがあります。「自由競争が完全に支配する古い資本主義にとっては、商品の輸出が典型的であった。だが、独占体が支配する最新の資本主義にとっては、資本の輸出が典型的となった」（レーニン著、副島種典訳『帝国主義論』国民文庫、一九六一年、八〇ページ）このアナロジーに従えば、私たちは次のように言うことができるでしょう。「ケインズ主義が支配していた古い資本主義にとっては、商品の輸出が典型的であった。だが、新自由主義が支配する最新の資本主義にとっては、資本の輸出が典型的となった」と。

ここで、ケインズ主義が支配していた一九六〇年と新自由主義が支配する二〇〇〇年の米国の商品輸出と資本輸出額を比較してみましょう。一九六〇年の米国の商品輸出額は、一九六億五〇〇〇万ドル、民間資本輸出額は、五一億四四〇〇万ドル、商品輸出／民間資本輸出額は、三・八でした。一方、二〇〇〇年の米国の商品輸出額は、七七一九億九四〇〇万ドル、民間資本輸出額は、五五九二億九二〇〇万ドル、商品輸出額／民間資本輸出額は、一・三八でした。すなわち、一九六〇年において商品輸出は、民間資本輸出の三・八倍あったのですが、二〇〇〇年においては、一・三八倍と相対的地位が激減しました。それはこの四〇年間において、商品輸出が三九・三倍の伸びを示したのに対し、民間資本輸出は、なんと一〇八・七倍の伸びを示したことから起こったことなのです。ここからも、今日においては、いかに多額の資本輸出が米国から世界へ行われているかがわかります。

もちろん、多額の資本輸出は、米国からだけ行われているわけではありません。諸外国から米国へ多額の資本輸出も行われていることに注意しなければなりません。一九六〇年に諸外国が米国に資本輸出した金額は、二二億九四〇〇万ドルでしたが、二〇〇〇年ではその金額は、一兆四六八億九六〇〇万ドルもの数値を記録したのです。もちろんこの金額には、米国の経常赤字から自動的に発生する四一五一億五〇〇〇万ドルも含まれていますので、米国からの資本輸出額より大きい数字になるわけです。

一九七三年の変動相場制への移行、一九七四年米国における資本移動の規制の撤廃は、多国籍企業を基軸とする国際資本移動を国際経済取引の中軸へと押し上げる制度的改革であったことを理解しなければなりません。しかも、商品輸出・輸入と資本輸出・輸入はまったく異なる要因によって引き起こされることを理解しなければなりません。経常収支の赤字と資本収支の黒字、また経常収支の黒字と資本収支の赤字は、一致しなければなりませんが、それは、国際収支が複式簿記の原理で構成されている以上必ず実現されるものなのです。米国が商品輸出をすると自動的に米国の対外短期債権が商品輸出額だけ増加します。つまり、経常収支の黒と同時に資本収支の赤が記録されることになります。商品輸入はその逆に米国の対外短期債務額が増加します。つまり、経常収支の赤と同時に資本収支に黒が記録されます。したがって、米国が貿易赤字あるいは経常収支の赤字が黒字を超えると、その差額の赤字分だけ対外短期債務が増加しますので、資本収支は黒字となります。これが、経常収支の赤字が、同時に資本収支の黒字となる理屈です。商品貿易は、他の経常収支の項目とともに資本収支によってバランスがとられることになります。

米国による資本輸出が行われますと、自動的に米国の対外短期債務が増加します。資本輸出をするためには、現地の通貨を買い、ドルを売らねばならないからです。逆に米国に対して資本輸入が行われますと、自動的に米国の対外短期債権が増加します。外国人がドルを買い、自分の通貨を売るからです。米国にとって外国通貨は、対外短期債権となります。したがって、米国による資本の輸出・輸入がいかなる状況にあろうとも、資本収支において常にバランスがとられることになりますから、資本輸出・輸入が激増すると同時にそれぞれ対外債務・対外債権も激増し、資本収支の勘定のみで、プラスマイナス0となります。したがって、国際収支上では、経常収支の赤字・黒字が大きくなるとその分の資本収支の黒字・赤字が大きくなりますが、経常取引に関わらない資本輸出・輸入の大きさがどのように拡大しようとも資本収支のバランスが崩れるということはありません。

したがって、米国による資本輸出入が激増したからといって、ストックの価値変動を考慮しなければ、米国が対外債権国になったり対外債務国になったりすることはありえません。対外的債権国あるいは債務国になるか否かは、常に経常収支の動向が鍵を握っています。経常収支の黒字が続けば、対外的債権国になりますし、逆に赤字が続けば、対外的債務国になってしまいます。米国の場合、ドルが基軸通貨でありつづければ、論理上、経常収支の赤字を継続させ、対外的債務国の状況を続けることは可能になります。

国際的金融自由化と米国金融機関

すでに本書で述べましたが、一九六九年に誕生した共和党ニクソン政権は、国際資本取引の自由化へと米国の経済政策をもっていきます。一九七〇年代の多国籍企業活動の受難時代から八〇年代になると、政治経済の権力は、戦後米国経済の支配的な階級であった巨大産業企業と労働組合からなるケインズ連合から、米国多国籍企業と銀行からなる世界的金融覇権へ移行しました。

かつて、ローズヴェルト大統領から戦後の国際通貨金融制度の構築を任された財務長官ヘンリー・モーゲンソーは、世界の金融の中心地をロンドンとニューヨークから米国財務省に移すことに心血を注ぎました。ロンドンとニューヨークは当時の金融資本の牙城であったわけで、その金融利害を掘り崩し、財政政策を駆使し、有効需要政策に依存しながら、産業の生産能力を存分に発揮させる政策の実現には、金融的利害を産業利害に従属させなければならないと考えたのでした。高利貸しを国際金融の「神殿」からたたき出し、金融資本を「経済の主人」から「経済の召使」へと貶めることが彼の行動の目的であったからでした。あれからほぼ五〇年、時代は劇的に変化しました。国際金融の「神殿」からたたき出されたはずだった金融資本は、ニクソン政権以降次第に力をつけ、経済力のみならず政治権力をも奪還するまでに成長しました。

それでは、米国において、政治権力を奪還した米金融資本が、国際的な金融自由化にどのように乗り出していったのでしょうか。この時期の米国政府は、「ドルの力」を武器に二国間あるいは一方的な外交交渉によって、金融の自由化を実現していったのです。日本を例にとり検討してみましょう。

日本との交渉は、一九八三年、米国大統領ロナルド・レーガンが訪日したときにはじまりました。その年の一一月に、「日米・円ドル委員会」が設置され、具体的に日本金融市場の自由化が議論されたのですが、米国チームは、財務省・大銀行・証券会社の代表からなる大掛かりなもので、そこには米国金融資本の意気込みを感じさせるものがありました。一九八四年二月以降、開催された六回の作業部会を経て、その年の五月二九日、「日米・円ドル委員会」の報告書は竹下大蔵大臣ならびにリーガン財務長官に提出され、三〇日には公表されました。この中で主張された米国による金融・資本市場の自由化、円の国際化に関する考え方は、まさしく新自由主義的金融グローバリズムそのものでしたが、日本に対する具体的要求は、為替取引の実需原則ならびに円転換規制の撤廃だったのです。

為替取引の実需原則とは、純粋に投機を目的とする先物為替取引（あらかじめ外貨の支払条件を決め、その条件に基づいて将来外貨と内貨の受渡しを行う）を抑制するために戦後日本がとってきた措置でした。この措置は、経常収支の取引に伴う以外の実体取引に基づかない先物取引を厳しく制限したのでした。この措置は、戦後のケインズ的な国際通貨システムにはなくてはならないものでした。なぜなら、投機を目的とする先物為替取引を許したならば、実体経済に基づかない利鞘稼ぎの国際的投機資本が跳梁跋扈する状況となるからでした。時代は既に固定相場制から変動相場制へと移行していましたから、米国の投資ファンドはじめ金融機関は、そうした相場の変動を利用した荒稼ぎに大いに期待をかけていたのです。日本は、依然として戦後の体制のままでしたが、こうした圧力に抗しきれず一九八四年四月一日、為替取引の実需原則を撤廃するのでした。

円転換規制とは、海外からの投機資金の国内流入を防ぐ目的でとられた戦後の為替管理方式の一つでした。今日、海外から流入し、会社乗っ取りや破産寸前の会社の株式の空売りによって大儲けし、再び海外に収益を持ち去るいわゆるハゲタカ・ファンドがよく話題に上りますが、こうした投機資本を日本の水際で撃退するシステムとして有効でした。しかし、この規制も、米国側の強い要望で、同年六月に廃止されることとなったのでした。

日本の金融自由化・国際化が米国の商業銀行と投資銀行の対日進出とビジネス・チャンスの拡大を狙ったものであったことは明らかでした。「日米・円ドル委員会」の最終答申の一つとして、日本の金融・資本市場へのアクセスの改善が盛り込まれました。そこには、外国銀行の信託業務参加への許可、外国証券会社の東京証券取引所会員権の確保、在日外国銀行の国債窓口販売の許可などが要求されたことから見ても、米国金融機関の日本進出を狙った思惑が働いていたことは否定できません。もちろん同時にこの金融自由化・国際化は、貿易収支・経常収支黒字を背景に日本が資本輸出大国すなわち世界最大の債権国へ進む途を指し示した政策でもあったといえましょう。米国からすれば、日本の巨額な貯蓄を金融市場の自由化によって米国債に投資させる絶好の機会でもあったといえるでしょう。

国際資本取引の自由化によって、米国は、金融を通じて強大な経済的覇権を確立する道を歩み始めました。一九八〇年代後半から九〇年代にかけて世界的に展開された国際収支における資本収支勘定の自由化がこれを示しています。東アジアでは、インドをはじめ多くの発展途上国が資本収支勘定取引の自由化、一九九一年一二月のソ連邦消滅後、その傾向はグローバルに展開し、多くの国で国際資本取引の自由化が進行しました。わが国日本では、一九九八年四月に「外国為替及び外国貿易法」が「外国為替及び外国貿易管理法」を抜本的に改正し、施行されるにいたりました。これによって、外国為替公認銀行及び両替商の認可制度を廃止し、外国為替業務の参入を自由としました。また、海外預金・送金を自由にし、海外との外国為替取引における事前許可制を廃止しました。さらに、指定証券制度の廃止によって、海外証券投資の自由化が実現したのでした。

こうした国際資本取引の自由化は、ある特定地域への資本の世界的規模の集中的投資による経済的活況と投機の行き過ぎをもたらし、経済的危機を引き起こす要因となるかもしれないおそれがあるのですが、米国多国籍企業・銀行にとっては、資本を国際的に動かすまたとない機会ともなるのです。とりわけ、米国商業銀行は、証券化された市場から莫大な収益を上げており、また世界的な金融の証券化は、米国金融機関の経済的覇権の基盤ともなっていることは注目しなければならないでしょう。

国際的資産市場で決定されるドル相場

国際的金融の不安定性を検討する場合、今日世界経済の基軸通貨として君臨するドルの相場決定とその将来を見ておく必要があります。ドル相場とはいうまでもなくドルの価格のことですが、それは外国為替市場におけるドルの需要・供給によって決定されます。戦後長らくＩＭＦは、ドルの固定相場制を採用してきましたから、ドル価格は、たとえば一ドル＝三六〇円というように固定されておりました。国際資本取引は規制されておりましたから、国際収支は、基本的には、経常収支を中心に取引が行われ、その結果が資本収支に反映されるという構造が続いておりました。したがって、ある一定の固定相場の下で経常収支の黒字が継続し、あまりに多くの外貨が蓄積されますと、ＩＭＦにおいてその通貨価値の切り上げが議論され、その結果、ＩＭＦにおいてその通貨切り上げが決定され、また逆に経常収支の赤字が継続すれば、切り下げが決定されるということが起こりました。

しかしながら、一九七三年、主要先進資本主義国の変動相場制への移行、そして国際資本取引の自由化が実施されるにつれ、ドルの価格は、外国為替市場におけるドルの需要・供給によって決定されるようになっていきました。ここでは、いままで述べた国際資本取引の自由化の進展がドル相場決定にどのような影響を与えたのかというところから検討することにしましょう。つまり、国際資本取引の自由化が、ドルの需要供給にどのような影響をあたえたか、あるいは、国際資本取引によってドル価格はどのように決定されたのかということが検討対象になるのです。ここで指摘しなければならないのは、資本市場自由化の波がグローバルに展開している事実なのです。

一九七三年の変動相場制と一九七四年の米国による国際資本取引の規制撤廃は、外国為替相場に先物相場を誕生させ、為替取引の爆発的拡大を創り出してゆきます。なぜかと言いますと、変動相場制ですから、かつての固定相場制のように、将来にわたって国際通貨の価格は固定されてはおりません。将来的に価格が上がると思われれば、その通貨を先物で安く買っておき、上がった時に、先物で約束していた安い価格で支払い、その時の直物の高い価格で売れば利鞘が稼げるというわけです。一九八〇年代には、グローバルな債券市場が誕生し、一九九〇年代以降になるとグローバルな株式市場が出現します。債券市場や株式市場になりますと、長期の証券投資や直接投資が外国為替市場において通貨の需要供給を創りだしていくことになります。短期から中期から長期まで、さまざまな、経常収支に関わらない純全に資本収支のみに関わる資金の動きが、グローバルに国際金融市場を駆け巡る時代となったのです。

チャールズ・キンドルバーガーは、こうした状況について次のように述べました。

「ユーロカレンシー市場で取引され世界を日ごと動き回る巨額な資金は、不安定さを作り出している。世界の富は、一九五〇年以来、見事なスケールで増加し、その流動資産の比率は上昇してきた。流動資産額は、したがって巨額でありそれは市場心理の変化に対応して、他の通貨、銀行あるいは金融センターとの間を瞬時に移動することができる。……市場参加者は、世界規模で同じ情報や見通しに接することができ、お互いの行動を観察するので、広範に意見を変化させ、巨額な国際的資金の動きを創り出すことが可能となった」(Charles P. Kindleberger, *International Capital Movements, Based on the Marshall Lectures given at the University of Cambridge 1985*, Cambridge University Press, Cambridge, 1987, pp. 83–4)。

いまや、国際的に資金を動かすことが自由ですから、国際金融市場において資金を取引する人たちは、利子率や為替レートの変化であるとか、あるいは予想の変化に応じて、預金や貸出しや投資を、ある通貨から別の通貨に移せるということをユーロカレンシー市場において学んだのです。こうして、一九七〇年頃には、毎年の外国為替取引額は、貿易額と長期投資の二倍以下だったのですが、それが最近では、八〇倍とか一〇〇倍とか桁違いに大きい数字となっているのです。すなわち、貿易取引あるいは経常取引は、対外総取引のほんのわずかな部分であって、それはもはや為替レートを決定する中心的部分ではなくなってしまったのです。

国際収支における資本取引の自由化が進められる中、国際的資本取引額が膨大化しており、ドル相場は、ドルをめぐる国際的資本取引の動きによって決定されるようになったといってよいでしょう。ということは、為替レートが、資産価格となったということなのです。投資家が、為替に投資することから為替の需要が発生し、また投資家がそれを売ることによって為替の供給がなされるという投資活動を通じた為替レートの決定方式が今日の外国為替、ドル相場の基本的方式となっているということを理解することが肝要です。

まず先物ドルの為替レートがどのように決定されるのかについて考えましょう。為替投資家が、米国で直物ドルの為替レートでドルを購入し、一カ月預金するとしますと、米国において一カ月後には、その金利を含んだドル資産を得ることができます。一方、その為替投資家が日本で同じ金額を日本の金利で預金し、一カ月の先物ドルの為替レートでドルを購入する契約をしますと、米日で得られる一カ月後の二つの金額は、同額に落ち着くはずです。もし、同額ではなく、先物ドルの為替レートが安く、一カ月後の金額が、日本で投資したほうが有利であれば、先物ドルの買いと先物の円売りが生じ、ちょうど一カ月後の二つの金額が一致するまで、先物ドルの為替レートは上昇するはずです。先物ドルを安く買って、後で高く売り利鞘をかせごうとする力が働くからです。その逆に、先物ドルの為替レートが高く、一カ月後の金額が、日本で投資した方が不利になれば、先物ドルの売りと先物の円買いが生じ、先物ドルの為替レートは低下することになるでしょう。今度は、逆に高い先物ドルを売っておき、後で安く買えば、やはり利鞘を得ることができるからです。この金利をめぐって先物為替のレートが変化し、結局どの通貨で資産を持っても得られる結果は等しくなるように、先物為替取引が行われることを金利裁定取引といいます。日米の関係で言いますと、日本の金利が米国の金利に比較して上昇すると、金利裁定が働きドルの先物為替レートは上昇するし、逆に米国の金利が上昇するとやはり金利裁定からドルの先物為替レートは低下することになります。

為替ブローカーが、専門的に裁定行動を取り、時間とともに完全裁定が実現するというのは、確かに現実性があることといえましょう。先進国の外国為替市場におきましては、毎日巨額な取引があり、先物契約が頻繁に行われています。市場はまさに、「厚み」を持っているのです。資本移動が自由で、資本規制が実施されるというような、政治的なリスクやカントリー・リスクがないならば、その結果、先物契約を設定することによって、為替レートの将来価値を容易にヘッジすることができるというわけなのです。

次に日米間の債券投資を考え、ドルの直物為替レートがどのように動くのかについて検討してみましょう。米国債券の収益率と米国の利子率（年利）ならびに日本債券の収益率と日本の利子率（年利）がそれぞれ等しいとして考察を進めますと、債券の収益率すなわち利子率の相違とともし、日本の債券の収益率が米国の債券の収益率に比較して高ければ、投資家は、米国の債券投資に比較して日本の債券投資が有利ですから、ドルを売って円を買う力が働くことは明らかでしょう。そうすれば、外国為替市場では、ドル安・円高が形成されますが、どの水準でドルの直物為替レートは、決定されるのでしょうか。それは明らかに、ドルの直物為替レートの低下によって、日本の有利な債券投資の効果が相殺される水準まで、ドルの直物為替レートは下がることが予想されるでしょう。またもし、米国の債券の収益率が日本の債券の収益率に比較して高ければ、投資家は、日本の債券投資に比較して米国の債券投資が有利ですから、円を売ってドルを買う力が働くことでしょう。そうしますと、外国為替市場では、ドル高・円安が形成されますが、どの水準にドルの直物為替レートが決定されるかといえば、それは明らかに、ドルの直物為替レートの上昇によって、米国への有利な債券投資の効果が相殺される水準まで、ドルの直物為替レートは上昇することが予想されます。

以上述べましたように、現代の外国為替市場とりわけドルの為替レートの決定メカニズムにおいて、国際間の資産運用が重要なファクターになってきたことは明らかでしょう。いまや、外国為替市場におけるドルの需要供給は、貿易によって作りだされる部分に比較して、国際的資産運用によって作りだされる部分が極めて大きくなっています。しかも、その国際的資産運用には、米国における証券化の急速な進展が関わっていることに注目しなければならないのです。米国経済の急速な証券化は、米国型金融システムの形成においてすでに検討しましたが、それは、米国証券市場の地位を格段に上昇させました。かつて、産業金融の控えめな仲介者であった米国商業銀行を証券市場と結びつけ、いまや米国証券市場には、世界からの投資資金が集中し、米国証券市場において形成される資本資産価格がドルの為替レートを決定しているといっても過言ではありません。

こうして、私たちは、ケインズが『雇用・利子および貨幣の一般理論』第一二章「長期期待の状況」において論じたことを、今日の視点に立って注意深く活用しなければなりません。ケインズのいう長期期待の状態というのは、何を言うのでしょうか。それは、投資に関わることなのですが、確実にわかっていると想定することのできる現存の事実にたいして、確信を持って予測しうるに過ぎない将来の出来事への心理的状態をいいます。より詳しく言いますと、資本資産ストックの種類や数量が将来どのように変わるか、消費者の嗜好が将来どのように変わるか、投資物件の存続期間に有効需要がどう変わるか、などを投資者がどのように期待するかという心理を「長期期待の状態」とケインズは申しました。

こうして、投資が行われる場合、将来の出来事の予測に対して「確信の状態」(state of confidence)が重要な役割を果たすことになります。資本資産の需要価格が上昇するか、あるいは下落するかは、この投資者の確信の状態が大きく関連していることは明らかです。確信の状態が高まれば、資本資産の需要価格は上昇し、企業投資は活発に行われることになるでしょう。また、逆に確信がもてなければ、資本資産の需要価格は下落し、企業投資は活発に行われることはないでしょう。投資しようとする企業家は、投資による予想収益を確定しなければなりませんが、その際に依拠しなければならない知識の基礎はあてにならないものなのです。したがって、かつて企業投資には一大決心がいり、それはある意味で「富籤《とみくじ》」と同じようなものだったとケインズは言います。しかし、そうした「当たるも八卦、当たらぬも八卦」という企業投資を劇的に変えたシステムこそ株式市場の成立だったのです。なぜなら、株式市場の存在によって、企業投資は、資本資産の長期にわたる将来的収益を予測しなくても気楽に、行えるようになったからです。

しかも、こうした企業投資が今日では国際的に展開するようになりました。現代の企業とりわけ多国籍企業は、事業部門ごとに目標利潤率が設定され、本部財務部門による不採算部門の切捨てと見込みある事業会社の買収による多角化が、地球的規模で展開するようになったことはすでに述べました。

貯蓄率が低く、自国の投資を自国の貯蓄でまかなうことのできない経常収支赤字国の米国は、企業が投資を積極的に進めるとその投資資金は、外国に依存しなければなりません。すなわち米国の場合、外国為替市場が国際的資本取引と密接不可分に関連しているのです。米国の株式市場のみならず世界の株式市場は、いまや国際化され、世界の投資家たちが、世界各地の株式市場の資産価格を評価しながら、株式市場に資金を投入したり引き揚げたり、地球的規模で引き起こすようになったのです。「株式市場は多くの物件を毎日のように再評価し、その評価は個人に対して（社会全体に対してではないが）彼の契約を変更する機会を頻繁にあたえている。それはあたかも農夫が朝食後、晴雨計に打診して、午前一〇時から一一時までの間に農業から彼の資本を引き揚げようと決意することができ、またその週の終わりまでに再び農業に戻るかどうかを考え直すことができるようなものである」とケインズは述べましたが、世界的な資本と金融の自由化によって、こうした事態がいまや地球的規模において行うことが可能となったのです。しかし、株式市場での評価は、実際にはどのように行われるのでしょうか。

この株式投資において誰もが長期にわたる投資の結果とはじめの期待が一致するとは思ってはおりません。したがって、投資の評価や再評価は、一種の慣行（convention）に頼って行われるとケインズは申しました。なぜかといいますと、組織化された株式市場が存在し、私たちが慣行の維持を頼りに投資を行うとしますと、投資家の唯一の危険は、近い将来がどうなるかについての情報の変化だけになります。その変化については、自らが判断できることですから、投資は、短期間の判断の連続となります。こうして、投資行動はかなり「安定」したものになりますし、社会全体としてもかなり安定した投資をもたらすことができるのです。

しかしながら、この投資家の慣行は、いくつかの要因によって頼りなさや不安定性を持っています。まず、社会の投資総額が増加する中で、経営に参加しないで、特定の事業の現在と将来について特別の知識を持たない人々の所有が増加して、投資物件の評価に知識の欠落した人々の評価が重要性を持ってきます。今日、投資範囲は世界的に広がっていますから、例えば、地球の裏側のある国の国債を、その国の事情もよく知らない状況で利回りの高さから購入してしまうことなどはまさしくそのことを示しているといえますし、また、一時の景気状況から一時的にある会社の株式の市場評価が急騰することがあります。また、多数の無知な個人の群集心理の産物として作り上げられた慣行的評価は、強く確信する根拠が薄弱なため、激しい変動にさらされることがあります。現在の事態が無限に持続するということがいささか怪しくなってくると、多くの投資家は急激に悲観的に行動するものです。現在では、こうした事態が国際的金融危機として、いわゆる「伝染効果」を作り出していることはよく知られている事実です。サブプライム問題という米国の住宅金融の危機が、全面的ドル安状況を作り出しているという今日の事態も、資産市場の国際化がドル相場に深刻な影響を与えている一例と申せましょう。

ケインズは、「しかし、われわれの注目に値するとりわけ特徴的なことがある」と述べて、慣行の頼りなさと専門的な玄人筋の投資家や投機家の行動様式との関連に注目します。すなわち、「これらの人々の大多数の主たる関心は、投資物件からその全存続期間にわたって得られる蓋然的な収益に関してすぐれた長期予測をすることではなく、一般大衆にわずかに先んじて評価の慣行的な基礎の変化を予測することにある」といいます。こうして、「玄人筋の投資家は、経験上市場心理に最も多く影響するような種類の、情報や雰囲気のさし迫った変化を先んじて予想することに関心を持たざるをえないのである」となります。長期間にわたる投資の予想収益を予測するという投資家本来の仕事から、むしろ二、三カ月の慣行的評価の基礎を予測しようとする虚々実々の戦いとなるのです。

こうして、投資市場の組織の改善がなされるにつれて、投機が優位を占める危険が増大していきます。世界的に自由な投資システムが形成されるにしたがって、国際的に投機的資本が跳梁跋扈する危険が増大していくといっていいでしょう。こうした国際的投機資金の自由な展開を制度的に創らざるを得ないところに、今日、米国が置かれた世界経済的事情があることを見抜いておかなければなりません。それは、米国が株式市場あるいはもっと広くいえば金融資産市場へ世界の資金を集中させることによって、ドルの為替レートを維持し、第二次世界大戦後築いたドル支配体制を持続させようと考えているからにほかなりません。

Ⅳ　現代グローバリズムとどのように向き合うか

ここまで私たちは、米国が主導する現代グローバリズムについて述べてきました。以下では、そのグローバリズムに対して、私たちはどのように向き合えばいいのかについて考察しましょう。まず、日本経済は、そうした米国のグローバリズムにどのように対応してきたのかについて、見てみることにしましょう。

1　日米経済摩擦と日本の構造改革

日米貿易摩擦の歴史的展開

米国の戦後世界戦略がケインズ的世界経済体制の構築にあったことはすでに述べました。日本経済は戦後米国の支配の下でどのような歩みをしてきたのでしょうか。

一九四五年八月一五日、日本は連合国に対し無条件降伏による敗戦を迎えます。その後、よく知られているように日本は、米国による単独占領下に置かれます。マッカーサーによる連合軍総司令部（ＧＨＱ）が最高権力を握り、日本の改革に乗り出しますが、本書の関係で重要な点を整理しておきますと、一九四九年が戦後復興の基点としてまず指摘しておかなければならないでしょう。なぜなら、マッカーサーは、一九四八年一二月「経済安定原則」を日本側に命じ、一九四九年四月以降、戦後のインフレ退治をすべく超均衡予算いわゆるドッジ予算を組み、一ドル＝三六〇円の単一固定為替レートを設定し、本格的な戦後復興へと乗り出していくからにほかなりません。一九四九年は、通商産業省が設置された年でもあり、また、その一二月、「外国為替及び外国貿易管理法」（通称「外為法」）が公布され、本格的な輸出促進政策が展開される基点となる年でもありました。この「外為法」は、翌年一九五〇年に制定された「外資に関する法律」（通称「外資法」）とともに、国家が貿易為替・外貨を管理し、外国技術を積極的に導入することによって日本産業の復興を図り、輸出主導の経済システムを形成してゆく重要な法律であったからです。

戦後日本経済と対米関係でまず特筆すべきは、一九五二年四月二八日サンフランシスコ講和条約が発効し、これまでの米国の占領政策から自由になったことです。その年の八月、日本はＩＭＦに一四条国として、また五五年八月には、ＧＡＴＴに一二条国として加盟します。ＩＭＦ・ＧＡＴＴは戦後のケインズ主義的世界経済の通貨基金・自由貿易協定として重要な役割を果たしていきますが、日本は、国際収支の悪化を理由に為替制限と輸入制限を行える国としてまず加盟が許されます。日本がＩＭＦ八条国になり、ＧＡＴＴ一一条国になり、国際収支の悪化を理由に為替制限と輸入制限ができなくなるのは、東京オリンピックが開催された一九六四年のことですが、これをもって日本は、戦後世界経済へ一人前の国として受け入れられたことになります。なぜなら、戦後の世界経済システムは、国際貿易の活発化をはかり、各国の自立的な財政・金融政策によって完全雇用を達成しようとするケインズ主義が基本として成り立っていたからです。日本は、すでに一九六〇年一二月、時の総理大臣池田勇人によって、「所得倍増計画」が打ち出され、一九五五からの高度経済成長政策をケインズ主義的政策によって継続させようとしていました。六四年四月二七日、日本は、経済協力開発機構（ＯＥＣＤ）に加盟し、直接投資を軸に資本の自由化に進まざるを得ない事態となってきますが、国際投機資本は押さえ込むというケインズ的国際資本規制は、依然有効性を保っていました。

日本のケインズ主義は、行政指導を軸とする官民協調方式という、欧米とは異なる独自のやり方によって行われました。六五年から七〇年にかけて本格的に展開した企業の大型合併は、そのひとつの例ですが、輸出拡大を目指して進められた日本の通商産業政策が、日本企業の国際競争力強化を目的としたことは間違いありません。日本貿易は、そうした経済政策の甲斐あり、一九六五年、対米貿易は輸出超過に転じ、さらにその年以降、連年の大幅黒字を示し始めることになります。『経済白書』は、一九七一年版において、わが国を「輸出大国」と呼ぶようになります。日本の主力企業は、販売総額に占める輸出比率を急増させていきます。鉄鋼業、電気機械、輸送機械、精密機械、いずれも輸出比率を驚異的に高めていきました。

通商産業省の行政指導による官民協調という日本型ケインズ主義は、輸出主導という戦後日本経済の基本的構造を作り上げるのに重要な役割を果たしましたが、世界経済的には、きわめて大きな問題を提示することになります。なぜなら、戦後世界経済の秩序は、国際貿易を活発にすることによって成り立たせるという点にありましたが、それには、各国が協調して内需拡大政策をとり、商品輸入を拡大し、他国の商品輸出を引き出すことによって、お互いが均衡の取れた貿易バランスを実現することが必要でした。日本の貿易は、一方的に商品輸出を拡大し、貿易黒字を稼ぎ出すだけで、他国から輸入を積極的に行うという姿勢に欠けていました。国際的ケインズ主義の立場からは、日本の積極的輸出攻勢は、許されざる行為であったというべきでしょう。

事実、日本と米国との間の貿易摩擦は、年を重ねるごとに激しくなっていきます。戦後の日米貿易摩擦は、まず、繊維製品をめぐって引き起こされました。日本の繊維メーカーが、一九五〇年代に米国市場向けの、安いサンダルやブラウスを積極的に輸出し、米国繊維メーカーの市場を荒らしたのでした。米国の繊維産業は、そもそも市場は、国内が中心で外国に輸出されることはまれでした。したがって、戦前から米国の繊維メーカーは、保護貿易主義の態度をとってきました。関税を高く設定し、外国からの売込みを防ぐというのが典型的な保護主義ですが、そうした政策をとれば、報復的に外国からも保護主義的な関税が設定される可能性は高くなるでしょう。しかしながら、もともと市場は国内であって外国に売ることがあまりなければ、仮に外国の市場が閉ざされても、その産業にとっては痛くも痒くもありません。こうした理由で、米国の繊維製品メーカーは、戦後においても保護主義的対応を米国連邦政府に迫りました。戦後においては、もちろん関税率を高めるという手段で日本製品を撃退することはできません。ＧＡＴＴの精神は、関税率を低くして自由貿易を進めることですから、米国もあからさまに関税率を高めるということはできないのです。こうして、米国連邦政府は、一九五五年末、日本の当局に米国の産業に被害を与えないように輸出の制限をかけることを要請したのでした。五六年五月には、日本政府は、米国に対し二〇品目にわたる綿製品の輸出自主規制を明らかにし、同じ年の九月には、五年間の任意協定に至る日米協議が開始されました。

米国鉄鋼業との日米貿易摩擦は、一九六〇年代末に勃発します。日本から米国への鉄鋼製品の売り込みは一九五〇年代から行われていました。一九五九年には、米国鉄鋼貿易は赤字となりました。しかし、日本及びＥＥＣ諸国との輸出自主規制協定が成立したのは、一九六八年のことです。米国鉄鋼メーカーが外国産鉄鋼製品輸入を無視し続けることができたのは、米国鉄鋼メーカーが、寡占的市場構造によってしばらくの間は十分に利益をあげえたからでした。しかしながら、六〇年代末になると鉄鋼メーカーの収益率が低下し始め、彼らは外国産鉄鋼製品の輸入を問題にするようになります。日本の鋼製品は、六八年には、米国鋼製品輸入の四〇・六％もの比率を占めるに至り、輸出自主規制の第一の標的とされました。六八年、鉄鋼製品輸出自主規制協定が日本及びＥＥＣとの間で、三年にわたって取り決められます。日本の場合、六九年に五七五万トン、その後、二年間について五％ずつの上限枠の引き上げが認められます。これが第一次「輸出自主規制協定」でしたが、これは七二年にさらに三年間、延長されることになったのでした。

こうした協定は、鉄鋼産業とその労働組合側の要求によって行われたものでした。鉄鋼を消費する立場のメーカーや一般消費者は猛反発を示し、シャーマン反トラスト法違反による告訴という事態となりました。結果的にはこの告訴は、訴えた側の敗北に終わりましたが、その後、輸入規制は、ダンピング摘発という手段によって行われることとなります。七五年六月、米特殊鋼産業は、一九七四年通商法のエスケープ・クローズ（免責条項）に基づき、鉄鋼輸入による被害に対し保護措置をとるよう申し入れを行います。エスケープ・クローズとは、本来、自由貿易を堅持しなければならない戦後の貿易システムではありますが、ある国の企業が秩序破壊的に輸出を行い、輸出先の産業に対して甚大な被害を与えたとされる場合、被害をこうむった国が、一時的にその輸入を制限することのできる条項をいいます。国際貿易委員会は、七六年一月、この申し立てを支持するとの判定を下します。その結果、五年間の輸入割当を行うようにとの勧告が出され、日米間では秩序維持協定が締結されることになります。しかし再び米国企業側は、一九七七年、日本の鉄鋼メーカーを相手にダンピング提訴に出ます。カーター政権内につくられた「鉄鋼問題特別委員会」は、この問題を解決するため、トリガー価格制度を考案しました。このトリガー価格制度とは、一定の「基準価格」これがトリガー価格ですが、それを下回って鉄鋼が輸入された場合、自動的に政府当局によって、ダンピング調査が開始されるというものです。そのトリガー価格に選ばれたのが、日本のメーカーの生産コストだったのです。

さて、こうした繊維、鉄鋼をめぐる日米間の貿易摩擦は、一九八〇年代になると、自動車、半導体という、輸出指向型産業との間の貿易摩擦に展開していきます。わが国の対米自動車輸出には、凄まじいものがあり、一九七九年には、米国の外車輸入台数二三〇万台のほぼ七六・三％を占めるに至り、また、八四年に、自動車は、日本の対米輸出品目のトップとなり、輸出総額の二五・八％を占めるまでになります。八一年に誕生した共和党レーガン政権は、議会の保護主義的ムードの中で、自動車産業救済策を発表、日本政府は、それに協力する形で対米自動車輸出を抑制する自主規制路線をとることになります。輸入上限台数は、八三年度一八五万台、八五年度には、二三〇万台となりました。

自動車をめぐる日米貿易摩擦は、繊維、鉄鋼との摩擦とは少々性格を異にしました。なぜなら、自動車産業は、決して国内市場に依存する産業ではありませんし、保護貿易主義は、米国の自動車産業としても望むところではなかったからです。米国の自動車産業は、国際的な寡占間の競争という性格をもつ産業組織でした。つまり彼らは、日本の自動車企業が、自国の自動車市場は他国の自動車メーカーに閉鎖して、米国に一方的に販売するのは、フェアーではないという主張だったのです。

この主張は、米国の半導体産業になるとよりいっそう性格は鮮明になります。一九八五年から、彼らは業界・政府・議会が一体となった対日批判を開始します。ヨーロッパ市場では、米国製半導体が五五％のシェアを占め、日本製は一二％に過ぎないのにもかかわらず、日本市場では、米国製半導体が一一％の売り上げシェアにとどまって、あとは日本製品で占められているというのはアンフェアだというわけです。しかも、政府の保護育成政策も手伝って、半導体の需要者である、日本電気、日立、東芝などという総合電機メーカーが生産者になっており、こうした産業構造それ自体が市場の閉鎖性を生み出しているというのです。一九八五年六月、米国半導体工業会は、通商法第三〇一条に基づき、日本の半導体産業を告訴しました。それによりますと、日本の半導体メーカーは、国内の閉鎖的市場にもかかわらず多大な設備投資を行い、安価な半導体輸出によって米国産業に甚大な損害を与えているとするものでした。一九八五年八月以降、日米政府間協議が開始され、翌年九月に「日米半導体協定」によって一応の決着をみることになります。

日米構造問題協議・包括経済協議と米国の戦略

日米貿易摩擦の激化は、世界市場の占有率をめぐる日米企業間の国際的寡占間競争の政治的現象となりました。ケインズ主義的世界経済から資本の自由化を基軸とする新自由主義的世界経済への転換にともなって、米国は、自国企業の利益を最優先する新しい通商政策を次々と提起し始めます。一九八八年包括通商・競争力法がそのひとつであることは明らかでした。既述のように、戦後世界の通商政策は、自由・無差別・多角の自由貿易体制を目指しました。しかしながら、この一九八八年通商法は、その戦後目標とされた貿易体制と決別宣言したといってもよいほどの強権的性格を有していました。こうした性格は、一九七四年通商法から始まったものですが、その第三〇一条によりますと、諸外国政府が不公正、不適切、あるいは差別的なやり方で米国の通商を妨げたと思われる場合、その調査の開始を大統領に認め、不公正が判明すれば、大統領が直ちに協議に入ることを権限づけたのです。もし、その協議で、十分な解決に達したとみなせない場合は、関税率の引き上げ、輸入割当量の削減などの報復的手段に訴えることも定めました。

この条項をさらに強力にした一九八八年通商法スーパー三〇一条では、制裁の権限を大統領から国際通商の実際の交渉機関である米国通商代表部に移し、毎年の年次報告や関係業者の訴えなどに基づいて、交渉優先国を特定し、交渉を行い、合意ができなかった場合、通商代表部が自動的に制裁措置を決定し、三〇日以内に実施するとしたのです。この通商法は、一九八八年八月にレーガン大統領の署名によって成立したのですが、日本の業界・政界・官界に衝撃が走ったのは、翌年一九八九年五月、このスーパー三〇一条に基づいて米国が日本を交渉優先国と指定し、交渉を求めてきたからでした。米国通商代表部は、スーパー・コンピュータ、人工衛星、木材の三分野に不公正な市場慣行があると特定したのですが、実は、その交渉と並行して、別の次元で進められた日米構造問題協議とその結末に、米国の日本への戦略とその思惑をみてとることは難しくありません。この構造協議は、一九八九年七月一四日、フランス革命二〇〇周年でにぎわうパリの郊外アルシュで開催された先進国首脳会議に臨んだ、日本の首相宇野宗佑氏と米国のブッシュ大統領（父）との会談で決定されたのですが、九〇年六月に開かれた第五回会合で最終報告がまとめられるというとんとん拍子の経緯で進行します。日本に対する米国の要求とその実施について次にまとめてみてみましょう。

第一が、日本の貯蓄・投資パターンを変化させよとの要求でした。具体的には、日本のあまりに多いとされる貯蓄を減少させ、投資を増加させることによって、経常収支黒字の削減を図れとするものです。消費を拡大させ、投資を増加させれば、輸入が増加し、日本の貿易黒字、経常収支の黒字の削減につながるはずだとする考えです。日本側が一九九一年から二〇〇〇年度にかけて、総額四三〇兆円の公共投資を米国に約束し、それが後に六三〇兆円に増額されたことはあまりにも有名な話ですが、公共投資が増大すれば輸入が増大するという保証はどこにもありません。結果は、日本の財政危機を深刻化させただけになってしまいました。

第二が、大都市の高地価が米国企業の対日進出を妨げているとの認識の下に、大都市の土地供給を増加させて、土地価格を引き下げよとするものでした。政府は、都市近郊の農地に対して、税制の優遇を廃止するなどの措置をとりますが、地価を下げる効果はほぼ皆無だったといわれます。

第三が、流通における規制が米国の対日輸出を妨げている、よって規制を緩和せよとするものでした。米国の狙いは、大型店舗の出店規制の撤廃にあり、おもちゃの老舗、トイザラスの日本進出を容易に進めるという具体的目標もありました。

第四は、排他的取引慣行の除去、つまり独占禁止法の運用強化と公正競争の実現ですが、米国は、日本政府が意図的に外国企業を差別し、日本企業の排他的慣行を認めているのではないかと恐れていた節があるのです。

第五が、系列関係による排他性の除去ですが、これが構造協議、最大の重要課題であったといわれます。それは、戦後形成された系列が、米国企業が日本へ進出する最も大きな障害であると米国政府が判断していたからにほかなりません。系列は、旧財閥系の企業グループの復活ですが、戦後、持ち株会社を禁止された旧財閥系企業は、株式の相互持合いによって、企業グループ外からの企業の乗っ取りを防いでいました。外国資本が日本企業の買収を試みても、これでは成功するはずはありません。日本政府は、対日直接投資の自由化と外国企業の内国民待遇の実現をはかることになります。

そして第六の最終項目が価格メカニズムに関わるもので、内外価格差の是正が求められました。

もちろん、この協議では、米国側が取り組むべき課題も議論されたことはいうまでもありません。しかしながら、米国は、自らの構造問題に対し日本との協議で取り組もうなどとする考えは毛頭なかったのです。

ところで、米国は、一九九三年六月になると、クリントン政権の下に新しい経済協力関係をめざす日米包括経済協議を宣言します。レーガン政権を引き継ぎ、新自由主義的改革を展開しようとしたブッシュ政権でしたが、世界経済における米国の地位の後退はいかんともしがたく、一九九二年一一月、米国民は、「チェンジ」を訴えたビル・クリントンを大統領として選出しました。クリントン政権は、日米包括経済協議に対し、一九九〇年六月に決着を見た日米構造問題協議を引き継ぐとの位置づけを行い、さらに強力に日本の経済構造の新自由主義的改革を要求してきます。しかも、この包括協議で米国は、かつての交渉とは異なる二つのやり方をとってきました。

第一が、その進展を評価する「客観的基準」を設けようとしたことでした。米国は、自動車・部品、保険、政府調達（財政資金による政府購入）という分野で市場開放を強く要求したのですが、「客観的基準」という観点から、具体的にどれだけの数値が達成されたのかの目標値を設定することを主張しました。第二に、その交渉手続きにおいて、米国の大統領と日本の首相は、交渉のため年二回の会談を行うとしたのでした。こうした強引な米国のやり方に、一九九四年二月、日米首脳会談に臨んだ細川護熙総理大臣は、日米包括経済協議に合意せず、それを中断させるという珍事を引き起こします。日本側は、自由市場経済で目標値を設定することは明らかに管理貿易につながる考えで、米国の従来の考えと異なると反発したのでした。

最終的には、一九九四年九月、日米包括経済協議は、村山内閣の下でようやく決着がつけられます。自動車と自動車部品に関しての合意がなされないままという点もありましたが、大筋では、米国の言う「客観的基準」が設定された点では、米国側を満足させる内容になったといえるでしょう。しかし、この日米包括経済協議において、私たちが注目しなければならないのは、市場開放にとどまらず、米国政府による日本の経済構造の改革要求が、毎年、「要望書」という形をとって提出され、しかもその結果について評価されるという、わが国への内政干渉が常態化する事態が引き起こされていったことです。形式的にはこの「要望書」は、日米政府間で交換することになるのですが、日米構造問題協議でも明らかになったように、米国は、自らの経済構造を日本からの「要望書」に沿って改革するなどとは少しも思ってはいないのです。

米国の金融グローバリズム戦略と日本の構造改革

ここでは、一九九五年ごろから金融覇権の確立に活路を見出すクリントン政権の政策がどのように「要望書」に反映されたのか、について見てみることにしましょう。

九六年「要望書」において、米国は次のように述べています。「米国政府は、日米包括経済協議の下で交渉された一九九五年二月の「日米金融サービス合意」の確約事項の日本政府の実施を歓迎し、引き続き、これら合意事項の実効的な実施に焦点をあてていく。また、米国政府は、日本政府が日本の金融市場について幅広い規制緩和を遂行する旨の一九九六年一一月一一日付の日本政府による発表を歓迎し、日本の金融市場の更なる進展と開放を目指した具体的な提案を更に期待する。日本の金融市場の一層の規制改革は、競争を増大させ、日本の長期的成長の改善に役立つだろう」。

米国政府の金融サービスに関する要望は、基本的に次の四点に集約できるでしょう。第一が、資産運用の規制緩和です。年金基金、郵便簡易生命保険、郵便貯金の資産運用を民間の投資顧問会社に開くことや、銀行やその他の金融機関による投資信託商品の販売を許可することです。第二が証券市場の規制緩和であり、さまざまな取引制限の撤廃です。第三が国境をこえる資本取引において、外国為替の認可及び通告要求を事後報告に変更することです。そして、第四が金融情報の開示及び会計基準、金融規制手続きの透明化の拡大などでした。

以上、米国の日本に対する要求は、日本の金融市場を対外的に開放させ、証券市場の規制緩和を軸に、日本の金融市場を米国型の直接金融システムに転換させることなのです。こうした米国の要望に積極的に応えたのが、村山政権に代わり、一九九六年一月誕生した橋本龍太郎氏を首班とする橋本連立内閣でした。九六年一〇月橋本連立内閣は、小選挙区制の下で、初の解散総選挙を行い、第二次橋本内閣をその一一月に成立させ、国際資本取引の自由を重視し、金融覇権を狙うクリントン政権の対日経済政策の忠実な実行者となっていきます。

橋本首相は、九六年一一月二九日に行なわれた第１３９回国会の所信表明演説において、「五つの改革」を提案し、一九八〇年代、中曽根首相によって行われた「臨調行革」路線を引き継ぐ改革に乗り出します。その五つの改革とは、第一が中央省庁再編を中核とする国民本位の行政改革でした。第二が産業の空洞化と高齢者社会の到来に対応する経済構造「改革」でした。第三がニューヨーク、ロンドンと並ぶ国際金融市場の復権、いわゆる日本の金融ビッグバンでした。第四が「長生きしてよかったと思える」社会の建設、すなわち社会保障「改革」でした。そして、第五が「豊かな国民生活の実現と後世代への責任を果たす」ための財政構造「改革」でした。

　ここで、第三の柱として実施される、金融システム改革は、米国からもっとも注目され、かつ実施を要望された「改革」となりましたが、それはどのように進んだのでしょうか。

　橋本首相による金融システム「改革」は、九六年一一月「わが国金融システムの改革」の発表に始まります。橋本首相は、「フリー」「フェアー」「グローバル」の三原則によって金融システムの大改革を二〇〇一年までに実施することを大蔵大臣、法務大臣に指示したのでした。九八年三月に法案が国会に提出され、六月五日に「金融システム改革法」(「金融システム改革のための関連法律の整備に関する法律」)が成立し、一部を除き、この年の一二月に施行されることとなりました。その年に「外国為替及び外国貿易法」が改定され、対外取引は「原則自由」となったのもまさにその一環でした。

　金融システム改革法の三原則とは、第一に、フリーですが、銀行、証券、信託、保険などのあらゆる金融業務を金融持株会社によって統合することが可能となりました。第二にフェアー。これは、不良債権の実態をはじめとした金融機関の経営実態の情報開示であり、金融監督庁による調査・監督が含まれます。第三にグローバル。これは、国際的基準に沿った会計基準などの整備ですが、米国主導の基準の確立であることは明らかでした。

　こうした金融システム改革は、大企業の自己資金の充実などがあり、日本の財界が、従来の間接金融方式から米国型直接金融方式への転換を望んだということから起こされたものであるといえなくもありません。しかし、この日本の金融ビッグバンを首を長くして待ち望んでいたのは、米国の金融機関だったのです。この時期は、山一證券の破綻、北海道拓殖銀行の破綻、日本長期信用銀行、日本債券信用銀行の破綻というように、日本の金融危機が引き起こされた時期と重なります。この危機を好機到来とみて、日本でのビジネスチャンスを狙っていたのは、紛れもなく彼らだったのです。日本の金融ビッグバンが、金融危機と同時進行で展開したという、政策判断から見れば一見矛盾するこの事実が示していることは、やはり金融覇権を狙うクリントン政権の対日政策とそれに付き従った日本政府の行動がその裏にあったことを示しているといえるでしょう。

二〇〇一年一月、米国では、ブッシュ政権（子）がクリントン政権にかわって成立します。日本では、それに遅れること三カ月、〇一年四月に小泉政権が誕生します。米国の新自由主義的改革路線は変化することなく、日本に対しても、金融改革を求めて要求は一段とエスカレートしていきます。小泉首相は、二〇〇一年の省庁再編とともに内閣府に設置された経済財政諮問会議をフルに活用し、いわゆる官邸主導の経済政策を実施します。経済財政諮問会議によって提起された構造改革は、民営化・規制改革プログラムを重視したまさに新自由主義的改革ですが、経済財政諮問会議が具体的に提起した経済再生の第一歩は、不良債権処理だったのです。

この不良債権処理は、強引に行われました。経営状況の悪い金融機関や企業の整理や淘汰のみならず、さほど経営状況の悪くないものまでもが不良債権化され、市場から抹殺されるという非道な手段をもって行われたことは記憶に新しいところです。そしてこの不良債権の最終処理には、米国の執拗な要求がその背景にあったことを忘れてはなりません。二〇〇一年三月の日米首脳会談で森首相は、すでにその件に関して、米国に約束していました。したがって、小泉政権による不良債権処理は、その宿題を引き継いで実行したということになります。しかし、なぜ米国は、日本に対し不良債権処理を行うことを執拗に要求したのでしょうか。

ここで考えなければならないのは、日本の株式市場が〇一年初めから低下をはじめ、その年米国の同時多発テロによる株価低迷の影響を受け、〇二年九月には、日経平均株価が、九〇〇〇円を割るという深刻な事態になっていったことがあります。日本の銀行は、多数の株式を保有し、自己資金に組み入れていますから、もし、株価の低迷によって自己資金比率八%を保てないという事態になりますと、国際銀行業を営めなくなります。小泉首相には、株価崩壊を阻止し、金融危機を回避する政策が必要だったのです。

米国の不良債権処理の執拗な要請は、日本の金融危機が深刻化し、株価低迷が継続すると、米国金融機関にとって思惑外れになってしまうという事情がありました。日本長期信用銀行と日本債権信用銀行の破綻については、すでに述べましたが、日本長期信用銀行は、破綻した後、公的資金を導入、九八年一〇月に一時国有化されましたが、結局、二〇〇〇年六月、新生銀行となって、米国投資会社の設立した金融持株会社の所有になっていました。米国投資会社の思惑は、株式売却によって多額のキャピタルゲインをあげることなのです。けれども株価低迷ではそれができません。米国政府による不良債権処理の執拗な要請は、こうした事態が背景にあったことによって理解できます。新生銀行は、〇四年、東京証券取引所に上場され、株主のリップルウッドを中心とするＬＴＣＢは、発行済み株式の三分の一を売却し、多額の利益をあげることができたのですが、それもこれも株価の上昇があってのことでした。

ここで、小泉首相が二〇〇六年に政権を離れる前に残した置き土産を一つご披露しましょう。それは、道半ばの小泉財政構造改革の今後のシナリオですが、原則が七つほどあげられております。まず、徹底した政府のスリム化をおこない（原則一）、成長を持続させ（原則二）、聖域なく歳出を削減し（原則三）、国と地方のバランスを考え（原則四）、社会保障関係費の大幅削減と同時に国民に広く負担させ（原則五）、国有資産を売り払い、債務残高を縮減させ（原則六）、官の肥大化を抑止する（原則七）というものです。まことに見事な新自由主義的財政再建策であり、ブッシュ政権顔負けの市場重視の経済政策といえるでしょう。以下では、この新自由主義的改革が米国の思惑どおりに進んだ結果はどうなるのかについてみてみることにしましょう。

米国は、日本の憲法九条の改定を強く望んでいます。日本を「戦争のできる国」へというのが彼らの思惑なのですが、そうした形で九条が改定され、金融グローバリズムへのこれまで以上の追随が行われれば、日本の将来はどうなるのでしょうか。

日本の自衛隊は米軍の指揮のもとに世界に動員されることになるでしょう。政府機能のスリム化、聖域なき歳出削減などといっていますが、軍事費が「聖域なき歳出削減」の対象外になることは目に見えています。軍需産業が栄え、大企業・大銀行は減税政策の下で肥太り、税体系が消費税を基軸に組み立てられ、社会保障の削減と負担の上昇があり、社会の格差構造はいままで以上に開くことでしょう。金融構造は、証券市場を中心として直接金融に組み替えられ、外国資本の自由な動き、投機活動の活発化によって、一大株式ブームとその崩壊が来るかもしれません。しかし、それは同時にきわめて不安定な経済社会の到来です。競争に勝ったもののみが生き残り、負けた者が没落する、こんなことが当たり前のように通っていく、そんな社会の実現を私たちは迎えなければならないのでしょうか。

ここで、観点を変えて、新自由主義的政策に痛めつけられながらも、不死鳥のように立ち上がり、果敢に挑戦を続けるラテンアメリカ諸国の事情を、節を改めて見ることにしましょう。

2　米国の主導するグローバリズムへの対抗戦略

ラテンアメリカの新自由主義への対抗戦略

日本の経済政策は、一九八〇年代以降、米国による新自由主義的改革に付き従う形で対応してきました。第二次世界大戦後、米国は、ケインズ主義的な経済政策を展開してきましたが、一九七〇年代頃から多国籍企業の活動を基軸とする新自由主義的経済政策を採用し、一九八〇年代になるとその路線を諸外国に押し付け、自らの世界経済における覇権維持を貫いてきたといえるでしょう。既述のように日本は、日米経済摩擦から日米構造問題協議、日米包括経済協議を経て、一九六五年ごろに確立を見る日本型ケインズ主義から脱皮を試み、一九九五年以降は、日本の財界も企業の多国籍化の本格的展開を基礎に、自由な投資システムの形成へと踏み込んで行きます。米国の主導するグローバリズムへ付き従い、米国の覇権を支えるというのがその向き合い方であったといえましょう。

しかし、世界の情勢を眺めると、必ずしもそういう対応の仕方ばかりではなかったことが分かります。これから見てみようとするラテンアメリカ諸国では、一九八〇年代と一九九〇年代の新自由主義的改革のなかから、その路線に付き従うことを潔しとせず、福祉優先、自国産業保護という路線に切り替える諸国が陸続と跡を絶ちません。特に南米一二カ国のうち、二〇〇七年において、親米なのはコロンビア一国のみ、後の諸国はいずれも左派政権となっています。ベネズエラ、エクアドル、ペルー、ボリビア、ブラジル、ウルグアイ、アルゼンチン、チリ、ギアナの諸国は、もちろんすべてが反米というわけではありませんが、かつての新自由主義的経済政策とは一線を画そうとしていることは明らかなのです。しかし、一体それはなぜなのでしょうか。

ここでは、一九八五年、IMF・世界銀行総会で、米財務長官ジェームズ・ベーカーによって発表された「ベーカー構想」と一九八九年、ブレトン・ウッズ委員会において、やはり当時米国の財務長官だったニコラス・ブレイディによって発表された「ブレイディ構想」が何であったのかを見ることで見当をつけることができましょう。ベーカー構想は、一九八二年、メキシコの債務不履行宣言の後、その他の発展途上国が次々と債務危機状況に陥っていった状況を背景に出されますし、ブレイディ構想は、ベーカー構想が功を奏しなかったがゆえに、再び出された政策でした。これらはいずれも、債務国経済の構造調整政策であり、民営化、金融の自由化、貿易投資の自由化などを意味しました。商業銀行の貸付支援の下に、世界銀行がＩＭＦと協調しながら、債務国を管理する立場で実行されたのです。これらの構想はいずれもワシントン・コンセンサスと称される新自由主義的政策につながるものですが、ＩＭＦ・世界銀行・米国財務省が一体となって展開した点に特徴がありました。

まず彼らは、公的支出の削減と税収の増加による財政規律の確立を主張します。また、民間の銀行が主導権をとれる金融の自由化を実現し、貿易の自由化、海外直接投資流入の自由化を促進するとします。さらに、国営企業の民営化を実現し、規制緩和による民間企業の参入・退出の自由化を図り、財産権の法的保障の確立を要求するのです。これを見れば明らかなように、ワシントン・コンセンサスとは、多国籍企業・多国籍金融機関の途上国における自由な活動の保障を制度的に要求したものであり、発展途上国の国民や企業のための経済的安定などは何も考えてはいないということがわかります。

公的支出の削減と税収の増加は、いままでの医療や貧困層の所得保障の削減を意味します。金融の自由化の促進は、投機的資本の跋扈を許し、産業に対して金融が果たすべき役割を放棄し、経済の投機化を促進します。それに、貿易の自由化や海外直接投資の自由化が加われば、経済力のある欧米の多国籍企業の今まで以上の中南米諸国への流入によって、地元の産業や企業が外国資本によって淘汰されてしまうのは、目に見えています。しかも、外国資本は、財産権の保障によって、その経済的地位は、決して脅かされることはないのです。したがって、その結末はおよそ見当がつきます。一言で言えば、中間層の没落と貧困層の拡大が、ワシントン・コンセンサスに従って経済政策を実行してきた中南米諸国において、引き起こされてしまったということでしょう。

すでにこの節の冒頭で述べましたが、今日の中南米においては、こうした新自由主義的政策に反対し、福祉優先・自国産業保護の左翼あるいは中道左派政権が、陸続と誕生しています。そしてこの広がる変革の波は、容易に形成されてきたものではなく、古く、米帝国主義の干渉によって妨害されながらも、それを克服するかたちで今日に至っているという認識が必要でしょう。

最初の変革の波は、キューバ革命によって先鞭を付けられました。一九五九年一月、キューバ革命が成功しましたが、その背景には、中南米諸国に共通する経済・社会構造がありました。国の基幹産業が、米国を中心とする外国資本に握られていることであり、極端な大土地所有制が社会に寡頭制的な支配構造を形成し、すさまじい貧富の格差が生み出されていました。この変革の波は、武装蜂起によって政権を樹立したキューバ革命に触発されましたから、多くの諸国では、武装蜂起による変革の道筋が選択されました。したがって、変革の主体は少数であり、少数派の革命でありましたが、それゆえにまた、米国からの干渉を受けやすく、キューバをのぞく革命政権は、米国による軍事侵攻やクーデターによって崩壊することになってしまったのでした。こうした変革の波は、一九七〇年代から八〇年代にかけても継続されました。七九年七月、ニカラグアでは、サンディニスタ民族解放戦線が、武装闘争に成功し、ソモサ独裁政治を終わらせましたし、エルサルバドルにおいても武装闘争が展開されました。しかし、こうした少数派による武装闘争は、米国による干渉を呼び、国内の反革命勢力による、権力の奪還を許してしまうという結果に陥ってしまったのでした。

しかし、一九八〇年代に急速に展開された新自由主義的政策に対する反対運動は、一九九〇年になると中南米諸国の国民へ広くかつ深く潜行し、選挙による国民の支持を得た政権を誕生させるようになります。一九九八年ベネズエラのチャベス左翼政権、二〇〇〇年にはチリに中道左派政権、二〇〇三年にはブラジルのルラ中道左派政権、アルゼンチンのネストル・キルチネル中道左派政権、パラグアイのドゥアルテ中道政権、二〇〇四年にパナマのマルティン・トリホス中道政権、ウルグアイのタバレス・バスケ左翼政権など、いずれも選挙によって成立した政権であり、国民の圧倒的支持のもとに成立し、議会を通じた多数者による自由主義的路線と一線を画した政権として誕生したものです（詳細は、新藤道弘「ラテンアメリカの変革の流れ―キューバ革命から第三の波へ」『経済』二〇〇五年六月号　新日本出版社）。

こうした諸国は、新自由主義的政策によって深刻となった貧困や所得格差の拡大にストップをかけるべく、国内的な改革に乗り出していますが、中南米の域内での協力関係に大きな力を発揮しつつあることに注目しなければならないでしょう。そのひとつに南米準備基金（ＦＬＡＲ）が挙げられます。南米準備基金そのものは、一九七六年、ボリビア、コロンビア、エクアドル、ペルー、ベネズエラ五カ国によって設立されたアンデス準備金（ＦＡＲ）がその始まりですが、一九九一年に中南米諸国への拡大を目的に名称変更されたものです。この基金の主要資金は、加盟国からの出資金ですが、ＩＭＦのように貸付にあたっての厳しいコンディショナリティーを課されることはありません。特にＩＭＦの割当額が小さい、ボリビア、エクアドル、コスタリカの国際収支危機にも、資金供給において大きな役割を果たし、米国主導のＩＭＦ支配の影響を排除する上で貴重な地域内機関となっています。さらにここでは、一九九五年に域内貿易自由化と対外共通関税を実施するために設立されたメルコスール（南米南部共同市場、MERCOSUR）について触れておきましょう。

メルコスールは、二〇〇七年時点で、ブラジル、アルゼンチン、ウルグアイ、パラグアイ、ベネズエラの五カ国からなり、準加盟国として、ボリビア、チリ、エクアドル、コロンビア、ペルーがあります。同時期に設立されたカナダ、米国、メキシコによる北米自由貿易協定が、貿易・投資の自由化のみを目的とするのに対し、メルコスールは、加盟各国間の政治的・経済的活動の協調をも射程内にいれ、あわよくば米ドルにかわる域内共通通貨創設をも考えるという、米国主導の地域統合とは一線を画している点が注目されましょう。

しかも、石油代金の蓄積により資金的に余裕のあるベネズエラが二〇〇六年七月に加盟した意義は大きく、中南米諸国へのエネルギー供給の保証を行い、米国主導とは異なる経済・開発計画の提示など、域内における存在感を示しています。また、ベネズエラは、米国主導のＩＭＦに代わってアルゼンチン、ボリビア、ニカラグア、エクアドルなどへ、ＩＭＦのコンディショナリティーなどは付与せず貸付を実行しています。こうして、中南米諸国への米国の影響力は、じょじょに衰退しつつあるというのが現状でしょう（詳細は、吉川久治「中南米諸国における新自由主義構造改革の破綻と新たな方向」『前衛』二〇〇七年一一月号、日本共産党中央委員会）。

グローバルな規制は可能か

一九八〇年代から今日に至るまで、米国を主導とし、金融自由化を基軸に進んできた新自由主義的グローバル戦略は、カール・ポランニーのいう戦後「集産主義」的社会を崩壊させました。米国における「ケインズ連合」、ロシアにおける「集産主義」的社会システム、日本における「集権システム」がいずれも過去の歴史となった事実にそれは表れているといえましょう。

しかし、私たちの社会は、米国を主導とする金融グローバリズムによって豊かになったといえるのでしょうか。二〇〇一年から始まったわが国の構造改革、いわゆる小泉構造「改革」では、貧富の差が今まで以上に大きく開き、「格差社会」という言葉が多くの人によって批判的に言われるようになりました。世界経済を眺めますと、何十億という人々がまさに生きるか死ぬかの絶望のふちに立たされています。金融は不安定になり、億万長者が出現すると同時に、投機の失敗によって破産する人々が跡を絶ちません。一九九〇年代は、メキシコ危機、アジア通貨危機、ルーブル危機といわれるように、途上国は、経済危機の連続です。また、金融グローバリズムの旗振り役の米国では、二一世紀になって、金融不安が危機に転じる事態が発生し始めました。二〇〇一年から二〇〇二年にかけては、米企業不正会計・粉飾決算に端を発する、株式大暴落とその後の急反発、また、最近では、住宅バブルの終焉によって顕在化した、いわゆるサブプライム・ローン危機です。

こうした新自由主義的経済政策に愛想をつかした中南米諸国が、米国主導の経済政策とは異なった道を模索し始めた点については既述のとおりです。いまや世界は、米国主導の金融グローバリズムそれ自体を問題視せざるを得ない状況に追い込まれているということもできるでしょう。

ここで注意しなければならないのは、グローバリズムによる金融危機の頻発とその結果引き起こされる社会的危機が、戦後のグローバリズムを先導した米国多国籍企業や多国籍金融機関によって引き起こされていることなのです。金融危機だけではありません。例えば、一九九四年に成立した北米自由貿易協定（NAFTA）の目的は、カナダ、米国、メキシコ間の自由貿易と投資の自由化を実現することで、これら三国の活発な経済成長を実現することでした。たしかに、三国間の貿易額は増加し、三国間の企業投資も活発に行われることになったのですが、莫大な利益が実現できたのは、三国間で国際的経営を展開する巨大多国籍企業であり、多くの国民は決してNAFTAから多大な恩恵をこうむることはなかったのです。米国からは、多くの企業が低賃金を求めてメキシコへ移動し、高賃金職の輸出を引き起こし、賃金レベルの引き下げの要因となりました。農業における多国籍アグリビジネスは、大量の安価な農産物をメキシコに持ち込み農民を破産に追い込み、今度は、農村に残った破産農民を低賃金で働かせ、その農産物を米国に輸出し、米国の多くの農民に被害をあたえるという具合でした。地域間の自由貿易と投資は、多国籍企業に富の蓄積を、働く労働者、農民に貧困の累積をという社会の格差構造をグローバル化によって拡大していったという認識が重要になります（詳細は、拙稿「ＮＡＦＴＡと農業問題」進藤榮一・豊田隆・鈴木宣弘編『農が拓く東アジア共同体』日本経済評論社、二〇〇七年、一一七～一三四ページ）。

米国は、ＩＭＦを通じた国際資本取引の自由化によって、金融による強大な経済覇権を確立する道を一九八〇年代後半から九〇年代にかけて歩み始めました。この時期に世界的に展開した国際収支における資本勘定の自由化がこれを表しているといってよいでしょう。東アジアでは、インドネシアをはじめタイ、フィリピンなど多くの途上国において資本勘定取引の自由化が行われました。インドネシアでは、一九八三年六月に金融セクターの厳しい規制を自由化し、さらに一九八八年一〇月には、資本勘定取引の規制ならびに銀行活動の規制を取り払いました。タイでは、一九九〇年代初めに外国為替取引の自由化を行い、バンコク国際金融ファシリティー（ＩＢＦ）の創設を行いました。一九九一年一二月のソ連邦の消滅は、その傾向に拍車をかけ、多くの国で国際資本取引の自由化が進展したのでした。わが国においては、一九八四年の日米円ドル委員会の結論から「為替取引の実需原則」と「円転換規制の撤廃」によって国際資本取引の自由化が始まりましたが、既述のように、一九九八年には、橋本「改革」の金融ビッグバンの一環として、外国為替業務の完全自由化が進展したのでした（詳細は、拙著『ワシントン発の経済「改革」』新日本出版社、二〇〇六年、一四二ページ以下を参照）。

こうした国際資本取引の自由化は、ある特定地域への資本の世界的規模の集中的投資を引き起こし、経済活況と同時に投機の行き過ぎをもたらし、経済的危機を引き起こす要因となりました。一九九七年アジア通貨危機、一九九八年ロシア・ルーブル危機などは、まさにその典型例でしたが、ＩＭＦは、それら諸国にたいして市場の自由化のさらなる要求と緊縮財政の要求によって危機の悪化を引き起こしたのです。ＩＭＦは、国際金融資本の手先となって、危機に陥った諸国から債権の取立てを厳しく行い、多くの発展途上国において貧困を深刻化させていったのでした。こうしたＩＭＦの指示に従わなかったマレーシアが国民経済の危機の深化を防ぎ、中国が国際資本取引の規制によって通貨危機の伝染を防いだことはあまねく知られています（例えば、ジョセフ・Ｅ・スティグリッツ著、鈴木主税訳『世界を不幸にしたグローバリズムの正体』徳間書店、二〇〇二年、第四章、参照）。

しかし、このＩＭＦによる国際資本取引の自由化と市場原理主義の押し付けは、米国を基軸とする多国籍企業・多国籍金融機関の要求であり、米国の経済覇権の基盤となっていることは、注意しなければなりません。すなわち、今日のＩＭＦの路線は、世界経済の安定を図るという本来の役割から大きくはずれ、むしろ世界経済の危機の深化を引き起こしていることになるのです。

ところで、ここでわたしたちは、ＩＭＦの変質と同時にＧＡＴＴの性格がどのように変わったかについてもみる必要があります。既述のようにＧＡＴＴは、戦後ケインズ的な経済政策から国際貿易のシステムの構築をめざしてきました。すなわち、国内の自立的な財政金融政策によって内需を拡大し、輸入を積極的に増加させることをお互い同士が行えば、世界の遊休資源が効率的に使用され、国際貿易の活発化とともに世界的失業は解消され、持続的な経済成長が実現できるというのがその理想的シナリオでした。したがって、そうした国際貿易のマクロ経済的効果を存分に発揮させるために戦後多くの関税・貿易交渉が多角的に行われてきました。

しかし、米国を基軸とする多国籍企業が国際貿易の中心を担うにつれ、従来のように国民経済に基盤を置く企業の輸出入という観点からのみの、貿易ルールの協定であるＧＡＴＴに対する不満が、米国を初めとする先進国側から噴出し、一九八六年にウルグアイで開始されたウルグアイラウンドにおいては、現代のハイテク多国籍企業の利害を取り込んだルールづくりが進行し、一九九五年一月には、世界貿易機関（ＷＴＯ）がＧＡＴＴを含む組織として形成されたことは、すでに本書で述べました。グローバル経済の下で、改変されたＩＭＦとＧＡＴＴが、今日、多くの人々を幸福にする点において、いかに受け入れがたい存在になっているかは、以上で明らかでしょう。

それでは今後、どのような改革が望まれるのでしょうか。経済のグローバリゼーションそのものに多くの人々を不幸に陥れる根源があるといえるでしょうか。答えは、ノーです。なぜなら、一九三〇年代の保護主義で固められたブロック経済を振り返ってみれば明らかなように、反グローバリズムの当時の世界経済においては、生産活動の低迷、国際貿易の低迷、そして失業の増大によって、人びとの暮らしは困難を極めました。それでは、その後、ケインズ主義の登場によって、資本主義諸国では高度経済成長を経験しましたが、その時代に戻ることは、可能なのでしょうか。もちろんそれも出来ないでしょう。なぜなら、今日、世界の構造が根本的に変わってしまっているからにほかなりません。

ここでわたしたちがやるべきことは、米国を基軸とした巨大金融グループあるいはハイテク多国籍企業に乗っ取られたＩＭＦとＷＴＯの組織構造を変革することでしょう。スティグリッツも次のように言っています。「グローバリゼーションをしかるべき形で機能させるために必要な最も根本的な変革は、ガバナンスの変革である。これは必然的に、ＩＭＦと世界銀行の投票権の変更をともない、また国際経済機関のすべてに変化をもたらす。それにより、ＷＴＯでは通商大臣の意見だけが受け入れられることはなくなるだろう」（スティグリッツ著、鈴木主税訳『世界を不幸にしたグローバリズムの正体』徳間書店、二〇〇二年、三一九ページ）。

もちろん彼もいうようにこうした変革、すなわち、ＩＭＦとＷＴＯを、米国を基軸とする巨大金融企業や多国籍企業の利害から切り離し、世界経済の多くを形成する発展途上国の意見をＩＭＦ、ＷＴＯに反映させることは、容易ではありません。しかし、中長期的にみれば、その変革は不可能ではないと思います。なぜなら、二一世紀の世界の構造は、米国による一極支配ではないからです。米国に依存するように見えるブリックス諸国、すなわち、ブラジル、ロシア、インド、中国、南アフリカなどは、その経済成長の底力において侮れないものを持っています。また、左翼政権を次々と生み出している中南米の多くの国は、米国を基軸とする新自由主義的経済政策に批判的な傾向にあります。もちろん、米国を含むＯＥＣＤ諸国においても、米国の考えにすべてが統一されているわけではありません。米国の巨大金融グループとハイテク多国籍企業に乗っ取られたＩＭＦとＷＴＯを国民レベルの利益を追求する国際公共機関へ変革する努力が、今、世界の国々に求められているといえるのです。

どのような国際公共機関が望まれるのか

ここで私たちは、どのような国際公共機関が望まれるのかについて、その基本線を論じてみることが必要でしょう。既述のように、現代グローバリズムの問題点は、暴走する自由な投資システムにありました。しかも、こうした暴走は、自由市場の放任によっては、残念ながら必ず引き起こされる歴史的事実であることに注意しなければなりません。国際的な資本市場の自由化が進展すればするほど、国際的投機が、また世界経済を攪乱させる度合いが強まってきたことに問題があったといえましょう。したがって、まず、国際的公共機関の実施すべき大きな課題は、そうした世界経済を攪乱させる投機資金をいかに封じ込めるかにあることはいうまでもありません。誤解のないように申しますが、この封じ込めは、効率的な市場メカニズムを崩壊させることを目的に行われるのではありません。「計画化」の名のもとに行われてきた経済政策がいかに不効率を引き起こしてきたかは、旧ソ連の経済運営を少しでも垣間見れば理解できることでしょう。ここで私が申し上げたいのは、自由市場の名のもとにいかに非効率的経済パフォーマンスが行われてきたかということなのです。既述のように、現在における国際収支上の資本収支勘定においては、実体的な経済を媒介する経常収支の結果として生み出される短期資本、すなわち経常収支の決済手段としての短期資金、その相対的比率は、日に日に小さくなり、国際的資産市場における売買に命をかける、まさしく膨大な短期資金の暴走が目に付くようになりました。一か八かの投機的商売が、安定を求めるヘッジファンドなどという名称のもとに国際資本取引の前面に出てきたことに、現代グローバリズムの不幸があったといわなければなりません。

したがって、国際的公共機関は、まずそうした投機資金の規制を目標としなければならないでしょう。かつて、日本には、為替取引の実需原則と円転換規制がありました。こうした原則をただ単に一国の経済ルールとするのではなく、国際公共機関において、国際的ルールとして、各国の協力のもとに進めることがめざされなければなりません。そのためには、規制をかけなければなりませんが、そこにいくつかの必要不可欠な諸条件があることをここで述べておくことにしましょう。

まず、実効的な規制を行うには、グローバル経済に関しての豊富な情報の収集が必要になります。国際公共機関は、とりわけここでは、各国に金融に関する情報を開示させ、国際的な会計基準にもとづく企業活動について、具体的に把握しなければなりません。誤った情報把握では、効果的な規制活動を実施することはできないからにほかなりません。そしてまた、以上の情報にもとづき、国際公共機関は、常に監視活動を怠ってはならないのです。わたしたちが認識すべきは、自由な市場のルールは、自由放任政策によっては実施することができないということなのです。自由市場のルールは、怠ることのない、監視活動がそれを担保することを忘れてはなりません。かくして、こうした監視活動によって、自由市場のルールを遵守することになりますが、違反者には、法的強制ということを行わなければなりません。国際金融上これは誠に難しい課題ですが、各国の国内規制当局との協調のもとに実施し、違法な国際的資本の動きを、国際的ルールのもとに封じ込める必要が生じるでしょう。国際公共機関の役割はそれで終わるというわけではありません。国際資本取引は、日に日に新しい技術革新のもとに、今までは考えも及ばなかった取引を生んでいきます。したがって、国際公共機関は、つねに国際的な新しい情報の収集にもとづき、専門的見地から検討を行い、新しい事態に対して新しい方針を打ち出していかなければなりません。こうして、国際的資本市場の安定性と効率性を図ることが、この国際公共機関によって実行されることが望まれるのです。（詳細は、J・I・イートウェル／L・J・テイラー、岩本武和／伊豆久訳『金融のグローバル化の危機』岩波書店、二〇〇一年、二八七―九一ページ参照）。

かくして、首尾よく国際資本市場の安定化が実現できる見通しが立てられれば、私たちは、安定的な固定為替レート制に復帰することが可能でしょう。この体制が実現するには、効果的な国際資本規制が働いているというのが前提になることはいうまでもありません。こうした体制が実現すれば、二十一世紀になって頻発する国際金融危機をいくらか防ぐことが可能となるでしょう。もちろん、こうした体制によって、国際金融上のすべての問題に、片が付くというわけではありません。しかし、少なくとも今日の混迷する世界経済の行方に一筋の光明を見いだす手がかりになることは間違いないでしょう。

またこうした国際資本規制が、今日問題になっている社会の格差問題にも解決の第一歩となることに注目しなければならないでしょう。なぜなら、今日の格差問題は、単に賃金格差問題だけではなく、国際資産市場の投機的行為から生じる資産格差問題でもあるからです。国際公共機関による国際資本規制の効果的実施によって、所得分配の公正化への第一歩を踏み出す時に今、私たちが来ていることを認識すべきなのです。

あとがき

本書を、横浜国立大学における教師生活三十年の区切りの年に出版することができました。私がこの大学の経済学部に助教授として着任したのが、一九七八年の四月でしたから、思い起こせば古い話です。それ以来、「世界経済論」という授業を、毎年毎年、飽きることなく開講してまいりました。もともと、私は、アメリカ経済史を専攻しておりましたから、「世界経済論」という講義をどのように行えばいいのか、最初大いに迷ったことは事実です。さまざまな試行の末、アメリカを基軸として、いかに世界経済がなりたち、また、展開しているかについて、歴史的な講義をその内容としてまいりました。試行錯誤の講義は、学生諸君には、大変迷惑なことであったと思いますが、迷いながらも工夫しながら進めることのできたこの三十年間は、何にも代えがたい楽しい日々であったといわなければならないでしょう。こうしたことをお許しくださった、横浜国立大学経済学部の自由闊達な雰囲気に大変感謝しております。

試行錯誤のなかから、私は、いままで、数冊の書物を上梓することができましたが、いずれも教科書として学生諸君に使ってもらうには、難しすぎたり、対象がずれたりで、「帯に短し、襷に長し」の感が否めません。いつか、わかりやすい、アメリカを軸とする世界経済論を書いてみたいという気持ちを持っておりました。今回、幸運にも、青灯社の辻一三氏から本書執筆の機会をいただきました。辻氏のタイミングのよい励ましの言葉によってようやく本書を書き上げることができました。感謝申し上げます。

昨年は、わたくしの六十歳、いわゆる還暦の年に当たりました。わたしのゼミナールの学生諸君や卒業した諸君、また大学院での教え子たちが、趣向を凝らし、様々に祝ってくれました。長寿の時代とはいっても、これという病気もなくつつがなくいままで生きることができたことをありがたく思います。本書を私のゼミナールで学んだ皆さんに感謝の気持ちをもって捧げたいと思います。

萩原伸次郎

二〇〇八年四月六日

萩原伸次郎（はぎわら・しんじろう）一九四七年、京都市生まれ。一九七六年、東京大学大学院経済学研究科博士課程単位修得退学。一九七八年、横浜国立大学経済学部助教授。一九八九年、横浜国立大学教授。一九九〇～九一年、米国マサチューセッツ大学経済学部客員研究員。二〇〇〇～〇二年、横浜国立大学経済学部長。現在、横浜国立大学名誉教授。著書『アメリカ経済政策史』（有斐閣、一九九六年）、『通商産業政策』（日本経済評論社、二〇〇三年）、『世界経済と企業行動』（大月書店、二〇〇五年）、『ワシントン発の経済「改革」』（新日本出版社、二〇〇六年）

米国はいかにして世界経済を支配したか

2008年6月20日　第1刷発行
2018年7月15日　第4刷発行

著者　萩原伸次郎

発行者　辻一三

発行所　株式会社青灯社
東京都新宿区新宿1－4－13
郵便番号160-0022
電話03-5368-6923（編集）
　　03-5368-6550（販売）
URL http://www.seitosha-p.co.jp
振替　00120-8-260856

印刷・製本　株式会社シナノ

ISBN978-4-86228-023-7-C1033

小社ロゴは、田中恭吉「ろうそく」（和歌山県立近代美術館所蔵）をもとに、菊地信義氏が作成

●青灯社の本●